행복하게 사는 기술

옮긴이 황보림Murali
대학에서 영문학을 전공하고, 대학원에서 사회복지학을 공부하였다. 1999년 히말라야 전통에 입문, 스와미 웨다로부터 만트라딕샤를 받고, 사십대 후반에 인도에서 스와미 라마 사다카 그람의 구루꿀람 학생으로 6년을 살았으며, 과정을 마친 후 인도와 한국을 오가며 히말라야 전통을 전하고 있다. 2014년 이래 스승 스와미 웨다의 명으로 히말라야 전통에 입문을 준비하는 사람들과 입문 후 자신의 수행을 강화하고자 하는 사람들을 위한 교육 프로그램의 강사 중 한 사람으로 일하고 있다.

감수 최경훈
연세대학교 명예교수로, 1987년 미국 메이요클리닉 심초음파 연구소에서 연수하던 시절, 히말라야 전통의 요가명상에 관심을 갖게 되었으며, 1989년 부인 한사(Hansa) 여사와 함께 스와미 라마의 수제자 스와미 웨다 바라티에게 입문하였다. 연세대학교 원주의과대학 심장내과 교수로 재직하면서 원주 세브란스병원장을 역임하고 대한고혈압학회 부회장, 한국지질동맥경화학회, 한국심초음파학회, 대한심장학회 회장을 역임했다. 현재 최경훈심장클리닉을 운영하면서 한국 아힘신출판사 대표로 아힘신코리아의 활동을 돕고 있다.

행복하게 사는 기술
The Art of Joyful Living

지은이 스와미 라마 Swami Rama
옮긴이 황보림 **감수** 최경훈
초판 1쇄 인쇄 2018년 7월 12일
초판 1쇄 발행 2018년 7월 23일

펴낸이 최경훈 **펴낸곳** 아힘신
주소 26427 강원도 원주시 원일로115번길 12(서진빌딩 5층)
전화 033)748-2968 **이메일** ahymsin.korea@gmail.com
등록번호 제 419-2007-000002호 **등록일자** 2007년 1월 23일

ⓒ 1989, 2003 by Himalayan International Institute of Yoga Science and Philosophy of the USA
This translation is published by arrangement with The Himalayan Institute Press through Hagenbach & Bender GmbH and The Agency, Literary Agency.

이 책의 한국어판 저작권은 The Agency 에이전시를 통해 저작권자와 독점 계약한 도서출판 아힘신에 있습니다. 저작권법에 의해 한국 내에서 보호를 받는 저작물이므로 무단 전재와 복제를 금합니다.

ISBN 978-89-959194-6-0 03150
정가 18,000원

The Art of Joyful Living

행복하게 사는 기술

스와미 라마 지음

황보림 옮김 | 최경훈 감수

아힘신

차 례

서문 7

제1장　참자아를 알기　13
제2장　긍정적인 삶과 습관의 변화　34
제3장　인격의 완성　55
제4장　긍정적 감정과 부정적 감정의 본질　79
제5장　기억과 마음의 본질　112
제6장　힘과 의지력의 성장　135
제7장　직관과 붓디의 지혜 키우기　165
제8장　욕망을 초월해서 삼스카라를 정화하기　191
제9장　사랑하는 관계에서의 영성　211
제10장　명상의 과정　244

서 문

「행복하게 사는 기술」The Art of Joyful Living은 자신의 인생을 충만하게 살았던 한 사람의 고백서입니다. 저자 스와미 라마Swami Rama는 전 생애에 걸쳐 세속적 삶과 영성적 삶에서 지극히 대조적인 역할을 맡기도 하고 버리기도 했습니다. 그러한 일들을 간단히 살펴본다면 이분이 행복하게 사는 기술을 어떻게 터득하게 되었는지, 어떻게 그 방법을 사람들에게 가르치는 데 필요한 독특한 자질을 키웠는지를 이해하는 데에 도움이 될 것입니다.

스와미 라마는 브라만 가정의 노부부에게서 태어났습니다. 그러나 태어난 지 얼마 되지 않아 아버지를 여의고 어머니가 실명을 하자, 어느 벵골인 성자에게 입양되어 자랐습니다. 이 소년은 히말라야의 동굴수도원(수행처)에서 성장하면서도 서구식 교육을 받았는데, 우드스탁고등학교(Woodstock, 미국인 선교사가 히말라야에 설립한 인도 최고의 명문학교)와 알리하바드Allahabad대학교에서 수학하였습니다. 그 후 이 세상과 삶의 신비를 이해하기 위해 인도 전역을 다니며 마하트마 간디Mahatma Gandhi와 라빈드라나드 타고르Rabindranath Tagore 같은 위대한 스승들의 가르침을 받았습니다. 스와미 라마는 불과 24세에 힌두교 최고 승직인 샹카라차르야Shankaracharya에 올랐으나 3년 후 이 영예로운 자리에서 스스로 내려와 결혼을 하고 두 자녀를 낳았습니다. 그리고 출가승이 되었습니다.

12년간의 은둔수행을 마친 스와미 라마는 서양으로 가서 요가와 아유르베다ayurveda, 전인 건강과 영성에 헌신하는 다국적 기구 히말라야협회Himalayan Institute를 설립했습니다. 조직의 수장으로서 스와미 라마는 교육자와 경영자의 일을 훌륭하게 해냈습니다. 홀로 있는 것을 즐기고 영적 수행에 깊이 몰두하면서도 여행, 강연, 저술활동을 하면서 세계 각지에서 온 각계각층의 학생들을 지도하고 조직 경영 등 세속의 일에 참여했습니다.

더 상세한 정보 없이 이 정도의 사실만으로도 여러분은 스와미 라마라는 분이 범상한 인물이 아니었음을 알 수 있을 것입니다. 그러나 이분의 생애가 수많은 어려움으로 점철되어 있다는 사실을 사람들은 쉽게 알 수 없었습니다. 어린 시절에 부모를 잃은 상실감, 동굴수도원에서 현대적 서구교육기관으로의 전환, 가장 영향력 있는 힌두교 성직자로서의 책임감, 지속되지 못한 결혼생활 등이 그것입니다. 나는 스와미 라마와 함께 지내며 공부한 21년 동안, 이분에 대해 많이 알게 되었는데, 그 모든 어려움에 전혀 영향을 받지 않았다는 것을 알 수 있었습니다. 스와미 라마는 활기차고 힘 있고 유쾌한 분이셨습니다. 칠십대에도 이분의 두 눈은 장난기 가득한 어린아이의 눈빛처럼 반짝였습니다. 스와미 라마는 언제나 현재에 사셨고 심오한 영적 일에 쏟는 것과 똑같은 열정으로 사소한 일에 임하셨습니다.

세속의 일과 영적 활동이라는 두 세계를 그토록 즐겁게 사는 방법을 어떻게 터득하셨는지 궁금하다고 내가 여쭈었을 때 스와미 라마는 이렇게 말씀하셨습니다. "사람들은 자기가 만들어 낸 고통의 늪에 빠져 있다. 일상적인 삶과 영성이라고 여기는 것을 갈라 놓는 높고 두꺼운 벽을 스스로 쌓아 놓고는 그 벽을 허물려고 애쓰며 완전히 지쳐 있다. 너는 신의 창조물이다. 그리고 행복은 너의 창조물이다. … 삶의 의미와 목적을 알게 되면 과거를 애통해하고 미래를 걱정하는 일로 시간을 낭비하지 않게 될 것이다. 인생이 아름다운 노래라는 것을 깨닫게 되고, 그 노래의 리듬과 멜로디를 즐기게 될 것이다. 네게 머물고 있는 창조주의 창조성이 네가 애쓰지 않아도 자연스럽게 네 안에서 흐르게 될 것이다. 그리하여 너는 더 이상 세상에서 벗어나는 자유를 찾아 헤매지 않을 것이고, 세상 안에서 자유를 경험하게 될 것이다."

스와미 라마의 가르침은 한 마디로 요약할 수 있습니다. "행복은 내가 만드는 것이라고 깨닫게 되면 우리는 건강하고 행복한 인생을 살 수 있다."「행복하게 사는 기술」은 지금 행복하기를 배우는 안내서입니다. 스와미지Swamiji가 어떻게 고요하고 평온한 마음을 기를 수 있는지, 그 마음을 어떻게 내면으로 향하게 하는지, 인생의 의미와 더 높은 목표에 반영하기 위해서 그 마음을 어떻게 사용하는지를 이 책에서 이야기할 것입니다. 여기서 여러분은 모든 기대가 고통의 근원이라는 사실을 알게 될 것입니다. 그러나 이기심을 버리고 자신의 의무를 사랑으로 수행한다면 모든 좌절을 벗어나 자유로워질 것입니다. 여러분이 자신의 주인이 되는 것이 즐겁게 사는 비결입니다. 먼저 자신의 몸과 마음의 주인이 된 다음 여러분의 주변 세상을 주도적으로 변화시키는 것입니다. 이 책이 여러분에게 그 방법을 알려 줄 것입니다.

2003년 8월
히말라야협회의 영적 지도자
판디트 라즈마니 티구나이트 박사
Pandit Rajmani Tigunait, Ph. D

제1장

참자아를 알기

  여러분은 모두 우리의 영원한 본질reality을 알고 싶어 합니다. 우리의 내면 의식 중심에 있는 본질인 그 평화롭고 안정된 상태를 경험하고 싶어 합니다. 그러나 우리 마음과 인성은 우리가 이 최고의 차원에 도달하는 것을 방해하고 있습니다. 옛 가르침은 시간과 공간과 인과관계가 우리 마음에 영향을 미치는 세 가지 주요 조건 또는 여과장치라고 했습니다. 그러나 우리는 이 조건을 넘어서 마음을 주도할 수 있습니다.

  그 중에서도 시간은 가장 강력하게 우리 마음을 좌우합니다. 가령, 당신이 오늘은 슬플지라도 언젠가 웃는 때가 올 것이며, 오늘 기뻐하며 웃더라도 어느 날엔가 슬퍼하는 시간이 올 것입니다. 시간은 이렇게 인간의 마음에 영향을 미칩니다. 마음상태는 일시적이며 시간에 따라 변합니다.

시간이 마음에 어떻게 영향을 미치는지를 이해하고 인식하는 것은 중요한 일인데, 공간의 본질을 깊이 생각해 보면 그것을 더 잘 이해할 수 있습니다. 공간이 어떻게 만들어지는지 이해하면, 시간의 구애받지 않게 되고, 시간과 공간을 모두 넘어서게 될 것입니다. 예를 들어, 내가 선을 두 개 그리면 두 선 사이에는 공간이 생깁니다. 그러나 공간이 없다면 그때는 하나의 선만 있습니다. 이때 시간은 어디에 있을까요? 시간과 공간은 그것을 구분할 때, 우리가 우리 자신을 둘로 분리할 때에만 존재합니다. 우리가 자신과 하나가 되면 시간과 공간과 인과관계라는 세 가지 조건과 한계를 넘어 더 높은 초월적 경험으로 나아갈 수 있게 됩니다.

우리는 어린 시절부터 교회에서나 부모님으로부터 신을 찾아야 한다는 말을 늘 들었습니다. 그러나 사실 우리는 이미 그분과 함께 있습니다. 왜냐하면 신은 어디에나 계시기 때문입니다. 당신이 갖지 못한 것, 다다르지 못한 것은 당신 자신입니다. 그러므로 우리가 목적으로 삼고 노력해야 하는 것은 신을 만나는 것이 아니라, 자기 자신, 즉 자아를 만나는 것입니다. 자아를 정확히 알고 인식할 때, 그때 당신은 신을 알게 되었다고 깨달을 것입니다. 자아를 깊이 알게 되었을 때 지금 당신이 신이라고 부르는 존재를 완전히 이해하게 될 것입니다.

나는 지금 단순히 자아를 아는 것에 대해 말하는 것이 아닙니다. 사실 '자아'self에는 두 가지 개념이 있습니다. 그 하나는 일반적인 자아이고, 또 하나는 참자아, 즉 진아眞我입니다. 자아는 시간에 따라 변하고 길들여지고 습득되는 후천적인 것입니다. 우리의 성격도 변하고 모습도 변하며 이름이 바뀌기도 하지만, 진아는 절대 변하지 않습니다.

만일 진아가 변한다면 삶의 최고선도 변해야 하며 삶 자체가 무너지고 말 것입니다. 존재하는 모든 것 – 볼 수 있는 모든 것, 우주라는 거대한 수레바퀴를 움직이고 변화시키는 모든 것은 움직이지 않는 축을 중심으로 돌아갑니다. 바퀴는 움직이지만 바퀴의 중심축은 고정되어 있습니다. 만일 고정된 축이 움직이기 시작한다면 바퀴는 더 이상 움직이지 않을 것입니다. 이와 똑같이 우리 내면에 움직이는 것이 있습니다. 우리는 움직이고 있는 바퀴와 같습니다. 그리고 우리 내면에 움직이지 않는 것도 있는데 그것은 내면의 중심축입니다. 이 중심축은 우리가 어딜 가든 함께 이동합니다. 여러분은 이 비유를 이해해야 합니다.

나는 지금 인간의 모든 움직임의 원인이 되는 자아에 관해 말하고 있습니다. 이것을 좀 더 자세히 살펴보자면, 내부에 있는 중심축과 외부에 있는 바퀴는 바큇살로 연결되어 있어서 움직입니다.

바퀴살이 없으면 바퀴는 움직이지 않습니다. 우리는 중심축, 즉 영혼으로 움직이는 것이 아니라, 바퀴살의 역할을 하는 마음의 다양한 기능으로 움직이는 것입니다. 그러므로 마음의 움직임을 무시할 수 없습니다. 우리의 본질은 중심축이지만, 우리를 움직이게 하는 원인인 마음의 기능을 먼저 알아야 합니다.

자아의 세 가지 측면을 이해해야 하는데, 움직이는 것, 움직임의 통로(매개)가 되는 것, 움직임의 원인이 되는 것이 그것입니다. 우리가 자기 자신을 완전히 이해하려면 이 세 가지를 분명하게 알아야 합니다. 사람의 마음은 시간, 공간, 인과관계에 따라 제약을 받기 때문에 내면 중심의 본질을 마음으로 상상할 수 없습니다. 당신은 자아 전체, 즉 움직이는 자아, 움직이게 하는 섬세한 자아, 그리고 이 움직임의 원인이 되는 가장 섬세한 자아 모두를 이해하려고 노력해야 합니다. 그것이 바로 자아와 진아를 구분해야 하는 이유입니다.

우리는 먼저 자아를 탐구할 것입니다. 당신의 부모님은 당신에게 특별한 이름을 지어 주셨고 다른 아이들보다 훨씬 뛰어나다고 말했을 것입니다. 당신은 그 말을 마음에 새기고, 그게 무슨 뜻인지 생각해 본 적도 없이 '나는 뛰어난 사람이다.'라는 생각에 따라 행동합니다. 그것이 자아, 당신이 습득한 자아의식입니다. 당신이 이 자아에 너무 몰두하게 되면 에고$_{ego}$를 계속 강화하고 조장하게 됩니다. 그렇게 되면 당신은 에고, 즉 좁은 자아의식에 매몰되어 발전할 수 없게 됩니다.

에고는 우리를 완전하고 진정한 진아에서 분리시킵니다. 당신은 에고를 어떻게 잘라낼까, 어떻게 떼어낼까, 어떻게 잊을까 하고 고민하겠지만 그것은 불가능합니다. 그러므로 에고를 '다듬고' 길들이기를 배워야 합니다. 에고가 본질을 인식하게 되고 에고가 길들여질 때 에고는 유용한 것이 됩니다. 본질을 인식하지 못하는 에고는 아무 도움이 되지 못하고 해로운 장애물일 뿐입니다.

마음의 다양한 기능을 알면 마음은 훌륭한 도구로 사용할 수 있습니다. 마음은 네 가지 기능을 가지고 있습니다. 첫째 기능은 '아함카라'*ahamkara* 또는 '에고'*ego*입니다. "이것은 내 것이다. 이것이 나다."라고 말하는 그것입니다. 우리가 자신에게 정직하지 못할 때 자기중심적이 됩니다. 자기중심적이 될 때마다 다시 자신에게 정직하지 못하게 됩니다. 자기중심적이 되면 될수록 더더욱 정직하지 못한 사람이 되고, 그리하여 그 부정직함은 다른 사람에게 투영됩니다. 둘째로, 지적 기능인 '붓디'*buddhi*는 인지하고 결정하고 판단하는 마음의 능력입니다. 셋째, '마나스'*manas*는 우리에게 필요한 자료를 생산하는 기능이며, 의심하고 질문하는 기능이기도 합니다. 마음의 마지막 기능은 '칫타'*chitta*라고 하며, 우리의 느낌과 기억의 저장고입니다. 이 마음의 네 가지 기능을 조합하는 법을 배우는 것은 다음 장에서 논할 것입니다. 지금 중요한 것은 이 네 가지가 진정한 자아가 아니라는 것을 아는 것입니다.

우리의 진아는 마음도 아니고 인성도 아니라는 사실을 알아야 합니다. 인성은 진아의 밖에 있는 것입니다. '인성/인격'personality이라는 낱말은 가면을 의미하는 '페르소나'persona라는 그리스어에서 왔습니다. 인성이라는 덮개와 베일을 하나하나 제거하면 우리는 내면의 참빛을 보게 될 것이며, 참자아를 발견하게 될 것입니다. 명상을 하면서 우리는 이 원천과 빛으로 들어가는 법을 배웁니다. 이때 우리는 외부에 있는 무언가를 찾는 것이 아니라 이미 우리 안에 있는 누군가를 찾는 것입니다. 그래서 찾기가 쉽습니다. 그러나 불행하게도 사람들은 자라면서 내면세계에 있는 것을 보는 연습을 하지 못하고, 외부세계의 것들을 보고 찾고 판단하는 것만 배웠습니다. 아무도 내면을 들여다보고 내면에 있는 것을 찾고 내적 근원으로 가는 길을 가르치지 않습니다. 현대의 가정교육에서 이 가르침이 빠져 있는 것입니다.

다른 시대에는 특별한 가르침이 있었습니다. 인도에서는 시어머니가 가정교육에 막중한 책임을 가졌습니다. 집안에 며느리가 들어오면 시어머니는 며느리를 밖으로 데리고 나가서 이렇게 묻습니다. "하늘에 별이 보이느냐?"

그러면 며느리는 대답합니다. "네, 보입니다. 모든 사람이 별을 봅니다."

시어머니는 다시 묻습니다. "그 옆에 있는 별도 보이느냐?"

며느리는 잠시 후 대답합니다. "네, 이제 보입니다."

시어머니는 이어서 묻습니다. "그래, 그 별도 보이겠지. 그럼 그 옆에 있는 다른 별도 볼 수 있느냐?"

그러나 며느리는 "아니요."라고 대답합니다.

그러면 시어머니는 말합니다. "네가 그 별을 볼 수 있도록 돕는 게 내가 할 일이란다."

교사로서 내가 할 일은 모호한 것, 쉽게 볼 수 없는 것을 보는 방법을 여러분에게 알려 주는 것이며, 외부의 바퀴와 마음의 여러 기능을 이해하고, 내면의 근원을 보고 알게 하는 것입니다. 그런 것을 직접 볼 수 있는 날, 여러분은 인간으로서 할 일을 성취한 것이며 그것이 인간인 여러분이 노력해야 할 일입니다.

여러분은 신이 되거나 신을 찾을 필요가 없습니다. 그럴 수 있다 해도 아마 낙심할 것입니다. 왜냐하면 그렇게 된다면 여러분을 이해하는 사람이 하나도 없을 것이기 때문입니다. 오히려 한 가지 목적, 즉 자신의 진아를 알고 내면의 자아를 알기 위한 방법을 배우기 위해 노력하세요. 자기 자신을 모르면서 신을 안다는 것은 불가능합니다.

사람들은 때로 자기 자신을 알려는 생각을 뿌리칩니다. 그 생각을 던져 버리고 그 대신 맹목적으로 신앙을 갖습니다. 그러나 분별없이 갖는 신앙은 결국 포기하게 될 것입니다. 그것은 마음으로 받아들인 신앙이 아닙니다. 마음은 언제나 당신과 당신의 신앙 사이에서 서성거릴 것입니다. 마음이 그런 신앙을 지속하기를 허락하지 않기 때문에 충실한 신앙이 되지 못할 것입니다.

어렸을 때 나는 스승님과 매우 가까웠기에 특권을 누릴 수 있었습니다. 스승님은 모든 것에 애정을 지닌 분이셨는데, 특히 나를 총애하셨고 나는 그분의 것이었습니다. 어느 날 나는 화가 나서 스승님께 말했습니다. "이렇게 오랜 시간이 지났는데도 스승님께서는 아직 제게 신을 보여 주지 않으셨습니다. 그 많은 위대한 스와미들이 스승님께 와서 배우고 뭔가를 얻었다면서 행복하게 돌아갔습니다. 그런데 저는 아직 아무것도 얻은 게 없습니다. 저는 더 이상 위선자가 되고 싶지 않습니다. 제게 신을 보여 주세요. 그렇지 않으면 내일 아침 스승님을 떠나겠습니다!" 저는 정말 버릇없는 제자였습니다!

그러자 스승님께서 말씀하셨습니다. "내일 아침에 네게 신을 보여 주마."

나는 너무나 흥분해서 저녁밥도 먹을 수 없었습니다. 구름에 떠 있는 기분으로 '스승님은 거짓말을 안 하는 분이시니까 약속은 꼭 지키실 거야.'라고 속으로 말했습니다.

나는 스승님께 여쭈었습니다. "그런데 한 가지만 말씀해 주세요. 스승님께서는 어째서 17년 전에는 제게 신을 보여 주시지 않고 오랜 시간이 지난 이제야 보여 주시려는 것입니까?"

스승님은 이렇게 대답하셨습니다. "네가 전에는 한 번도 신을 보여 달라고 하지 않았기 때문이다. 너는 오늘 내게 청했고 그래서 보여 주기로 한 것이다."

그날 밤, 나는 잠을 이룰 수 없었습니다. 그리고 "아, 신이시여. 어서 태양이 떠오르는 아침이 되어서 제가 스승님께 달려가 신을 볼 수 있게 하소서!"라고 기도했습니다.

마침내 아침이 되었고 나는 자리에서 일어났습니다. 당시 나는 이른 아침마다 갠지스 강에서 목욕을 했습니다. 겨울에도 계속 했는데, 그날은 겨울이었지만 강물이 차갑게 느껴지지도 않았습니다. 나는 목욕을 하고 스승님께 갔습니다. 흥분해서 정신이 없었고 마음도 정돈이 안 되어 어수선했지만, 그 아침 나는 스승님께 마음을 모으며 엎드려 절을 했습니다. 누군가와 함께 살면서 매일 아침 그렇게 예의를 갖추지는 않습니다. 평소에는 "스승님, 안녕히 주무셨습니까?" 하고 인사드리는 정도였지만, 그날 나는 스승님께 들판의 꽃을 꺾어 바쳤습니다. 스승님께서는 그런 나를 보시며 "평소와 다른 이 행동은 어쩐 일이냐?" 하셨습니다.

나는 "스승님께서 오늘 제게 신을 보여 주시기 때문입니다."라고 대답했습니다.

스승님께서는 "그래서 이렇게 예를 갖추는 것이냐? 알았다. 아들아, 앉아라. 먼저 네가 어떤 유형의 신을 보고 싶은지 말해 보아라." 하셨습니다.

나는 "어떤 유형의 신이라니요? 그런 질문을 하시리라고는 생각도 못했습니다! 신에게 여러 유형이 있습니까?"라고 반문했습니다.

스승님께서는 이렇게 말씀하셨습니다. "실제로 그렇지는 않다. 그러나 너는 신에 대한 너만의 개념을 갖고 있을 터이고 나는 그 개념을 바꾸고 싶지 않구나. 잘 생각해 보아라. 네가 마음에 품고 있는 신이 누구든, 네가 어떤 모습의 신을 마음에 두고 있든 간에 나는 너의 그 개념에 맞는 신을 보여 주겠다."

나는 "하지만 저는 아직 신에 대해 어떤 개념을 갖고 있지 않습니다."라고 대답했습니다.

그러자 스승님께서 "그러면 네가 그 개념을 갖게 되는 날에 내가 신을 보여 주겠다." 하셨습니다.

스승님의 말씀은, 신에 대한 개념을 만들어 내는 것은 우리 마음이라는 뜻이었습니다. 그러나 마음은 신에 대한 완전한 개념을 갖지 못합니다. 마음에는 그렇게 광대한 수용능력이 없기 때문입니다. 신은 인간의 마음으로 개념화할 수 있는 대상이 아닙니다. 대부분의 사람들은 신과 구루guru에 대해 한정된 개념을 만들어 내지만 시간이 지나면 자신이 품고 있는 개념이 이전과 매우 다르다는 것을 알게 됩니다.

내 경우에는, 5분 만에 산산이 부서지는 그런 신의 개념을 17년 동안 품고 있었던 것입니다. 스승님은 말씀하셨습니다. "신을 있는 그대로 보여 줄까 아니면 네가 보고 싶어 하는 그런 신을 보고 싶으냐? 있는 그대로의 신을 보여 준다면 너는 네 마음에 있는 신의 형상과 다르니까 믿지 않을 것이고, 네가 생각하는 신을 보여 주면 그 형상은 이미 너에게 있는 것이니, 어느 것이든 너는 받아들이지 않을 것이다. 최선의 길은 먼저 너 자신을 아는 것이다."

자기 자신을 점차 알아갈수록 자기가 원하는 것이 바뀌는 것을 보게 될 것입니다. 오늘은 좋은 집을 갖고 싶거나 멋진 자동차, 좋은 남자, 좋은 여자 등을 갖고 싶다고 생각하지만 이런 바람 역시 바뀝니다. 당신이 발전함에 따라 필요한 것도 변합니다. 이렇게 변화되면서 당신이 지닌 개념들도 변합니다. 그러니 신을 갈망하지 말고 먼저 당신 자신을 아십시오. 당신에게는 자신을 알기 위한 모든 것이 갖추어져 있습니다. 모든 방법, 모든 도구를 가지고 있습니다. 그러니 이제 미루지 마세요. "나는 나 자신을 도저히 알 수 없어."라고 말하지 마세요.

여러분은 외부세계를 보며 성장해 왔습니다. 이제 내면으로 들어가야 합니다. 그렇다고 외부세계를 무시해도 된다는 말은 아닙니다. 외부세계는 장애가 되지 않도록 정리되고 잘 다루어져야 합니다. 사실 외부세계는 우리가 자신의 내면을 아는 데에 별 도움이 되지 않습니다. 세상에서 제일 큰 망원경으로 태양과 달, 별 그리고 전체 은하계를 볼지라도 그 망원경을 당신 자신에게 돌린다면 아무것도 보지 못할 것입니다. 외부의 것들은 당신의 물음에 아무 답도 주지 못합니다. 내면의 자아를 보려면 바깥 세계에 존재하지 않는 빛을 이용해야 하는데, 이 빛은 당신이 존재한다고 말해 주는 것, 즉 지식과 지혜입니다. 이 빛을 안내자로 삼아야 하며, 그러기 위해서는 특별한 방식이 필요합니다.

당신의 목적이 지구의 동쪽 끝에 다다르는 것이고 평생 걸어서 그곳에 가겠다고 해도 다른 방향으로 간다면 서쪽에 이를 수도 있습니다. 현재 걷고 있지만 틀린 방향으로 가고 있는 것입니다. 그러므로 목적에 이르려는 노력은 체계적인 방식으로 진행되어야 도움이 될 것입니다. 이 특별한 방식은 오래 전에 파탄잘리*Patanjali*라는 위대한 인물이 체계적으로 정리하고 집대성했습니다. 그는 요가의 방식을 체계화했습니다.

파탄잘리의 요가수트라*Yoga Sutra*에 관해서는 많은 학술적 연구가 있어 왔지만, 실천적인 내용을 담지는 못했습니다. 단지 지적인 만족을 줄 뿐 사실 그 이상의 도움은 주지 못합니다. 두 번째 수트라 *Yogash chitta vritti nirodha*는 '요가는 마음의 변화를 조절하는 것'이라는 의미입니다. 파탄잘리는 요가가 마음작용 또는 '심파心波/생각의 파동'을 '조절한다'는 뜻이라고 말했습니다. 요가수트라에 관한 많은 번역가와 주석가들은 'nirodha'에 정확히 상응하는 영어 단어를 찾지 못해서 동사 '조절하다' control로 번역했습니다. 그러나 이 단어에 강제한다는 의미가 있다고 이해해서는 안 됩니다. '조절하다'는 '전달하다' 또는 '규제하다'는 의미입니다. 다른 수많은 단어처럼 당신은 매일 이 단어를 사용하지만 정확한 뜻을 모르고 사용하기 때문에 결국 혼란을 초래합니다.

예수 그리스도가 갈릴래아 호숫가에서 제자들에게 말씀하실 때 제자들이 이렇게 청한 적이 있습니다. "스승님, 저희에게 비유로 말씀하지 말아 주십시오. 스승님 말씀을 저희가 이해하지 못하겠습니다." 그리스도는 제자들과 영적으로 수준이 달랐기에 그들은 그분의 언어를 이해하지 못했던 것입니다. 우리 일상에서도 이런 일이 일어납니다. 집에서나 밖에서 다툼이 일어나는 이유는 대부분 대화하는 쌍방이 서로의 언어를 이해하지 못하기 때문입니다. 그래서 싸우게 되는 것입니다. 부부가 잘 소통하지 못한다면 그것은 남편이나 아내가 좋은 사람일지라도 서로의 언어를 이해하지 못하기 때문입니다. 때때로 아내의 주파수와 남편의 주파수가 달라서 좋은 뜻일지라도 서로 이해하지 못하는 것입니다.

다른 사람들과 소통하려면 우선 자신과 소통하는 것을 배워야 합니다. 외부적 소통은 생각 차원에서 시작되는 것이지 말이나 행동으로 시작되는 것이 아닙니다. 이 점을 이해하면 모든 문제를 해결할 수 있습니다. 소통은 나쁜 것일 수도 좋은 것일 수도 있고, 화가 나는 것일 수도 기분 좋은 것일 수도 있습니다. 그러나 소통은 항상 정신적 수준에서 시작됩니다. 그러므로 먼저 자신의 마음과 정신이 소통하도록 해야 합니다.

마음의 여러 기능은 지배적 역량이 각기 다르고, 마치 손가락들이 함께 움직여 일하듯이 그것들도 함께 작용합니다. 손가락이 하나라도 없으면 어떤 일을 해내기가 어렵고, 두 개가 없으면 더욱 어려워집니다. 이와 마찬가지로 마음의 기능들이 협력해서 작용하지 않고서는 우리 삶이 제대로 이어질 수 없습니다. 당신이 명석하고 지성(붓디, $buddhi$)이 뛰어나다 해도 에고ego나 마나스$manas$가 붓디의 원활한 기능을 허용하지 않을 때도 있습니다. 이렇게 다른 능력들이 협력해서 조화롭게 어우러져 작용하도록 배울 필요가 있습니다. 서양 음악에서 '조화'$harmony$라는 용어는 각기 다른 음표들이 서로 보완해서 완성에 이르는 방식이라는 의미를 갖습니다. 여러분이 배워야 할 과정은 서로 다른 마음 기능들이 함께 어우러져 조화를 이루게 하는 것입니다.

내면세계와 외부세계는 완전히 다릅니다. 내면세계를 알려면 자기 자신을 체계적으로 알아야 합니다. 서양에서는 외적인 것은 모두 체계화되어 있지만 내적인 것은 전혀 체계화되어 있지 않았습니다. 동양에서는 모든 내적인 것이 체계화되어 있고, 지금 현재는 원활하게 작용하는 외적 체계를 만들려고 노력하고 있습니다. 서양에서는 생활에 균형이 필요합니다. 외부세계에서 질서 정연하게 사물을 정리하는 것과 마찬가지로 여러분은 내면세계의 것들도 정리할 수 있고, 그렇게 함으로써 마음 기능, 붓디 기능, 에고 기능이 제대로 작용해서 일치와 조화가 이루어지는 것입니다.

마음에 끊임없는 갈등이 있고 그것이 해결되지 않으면 사람들은 늘 감정적이 됩니다. 감정적인 삶과 해결되지 않은 문제들은 다시 갈등을 일으키고, 이런 갈등은 분노 등의 방식으로 터져 나옵니다. 마음에 갈등이 있다는 것은 어떤 문제를 해소하지 못했다는 것이며, 그 갈등이 정신적 고통을 낳아 여러분은 이 고통을 느끼게 됩니다. 그러나 여러분은 자신의 갈등을 해결할 수 있습니다. 다른 사람은 해결해 주지 못합니다.

외부세계에서, 혹시 당신이 우울할 때 누군가가 "잘 지내?"라고 물으면 당신은 "응, 잘 지내!"라고 말하며 얼굴 표정으로 그렇다는 것을 나타냅니다. 부모님들이 미소 지을 일이 있건 없건 언제나 상냥하게 미소를 지어야 한다고 가르쳤기 때문입니다. 나는 처음 뉴욕에 갔을 때 이런 문제로 어려움을 겪었습니다. 길을 건너는데 사람들이 나를 바라보며 모두 그런 낯선 표정을 짓는 것이었습니다. 나는 내 옷차림에 문제가 있는 게 아닌가 해서 호텔로 돌아가 옷을 바꿔 입고 밖으로 나왔는데, 어떤 사람이 나를 보며 또 그 표정을 짓는 것이었습니다. 이런 일이 계속되었고 나는 결국 길에서 어떤 남성을 세워 놓고 물었습니다. "왜 그런 얼굴로 나를 쳐다봅니까?"

그 남성은 "저는 선생님께 미소를 짓는 것입니다." 했습니다.

나는 "그건 미소가 아니잖아요!"라고 했습니다.

이런 사회적 습관은 당신의 본성이 됩니다. 미소 띤 표정을 짓고는 곧 다시 심각한 얼굴로 돌아갑니다. 사람들은 이런 태도를 배우기를 기대합니다. 하지만 그런 미소는 순간일 뿐이고 당신의 기분을 드러내는 것도 아닙니다. 이건 연기에 불과합니다. 그렇게 자신을 숨기고 그로 인해 내면에 갈등을 불러일으킵니다.

당신은 이따금 '오늘은 일하고 싶지 않다'는 마음이 일어나지만 당신의 지성은 '일하러 가지 않으면 임금을 받지 못할 것이고 그러면 청구서 금액을 지불하지 못할 것'이라고 말합니다. 그래서 당신은 마음과 달리 일하러 갑니다. 다른 한편, 많은 경우 당신은 마음을 따르고 지성을 따르지 않기도 합니다. 이렇게 내면에는 끊임없는 분열이 있고 그 분열은 갈등을 유발합니다. 안팎으로 일어나는 갈등은 신체적이고 감정적인 모든 질병의 원인입니다. 외부의 누구도 당신에게 질병을 일으키지 않습니다. 질병은 계속 증가하고 병원도 늘어나고 있습니다. 모든 사람이 환자입니다. 전 세계에서 이런 일이 일어나고 있습니다. 문제가 하나뿐이라면 치료사의 도움을 받을 수 있겠지만, 여러 가지 많은 문제를 계속 일으키는 나쁜 습관을 가졌다면 어떤 치료사도 당신을 도와줄 수 없습니다. 최상의 치료법은 자가치유를 이해하고 배우는 것인데, 이것은 먼저 자기 자신과 소통하는 법을 배우는 것으로 시작합니다. 신체적, 정신적 습관에 대한 무지無知가 당신을 병들게 하는 것입니다.

자기 자신과 가장 친한 친구가 될 때 여러분은 모든 사람의 친구가 됩니다. 자기 자신이 적敵인 한, 세상에서 친구를 기대하면 안 됩니다. 당신에게는 모두가 나쁜 사람이고 모두 당신을 의심하는 것으로 보일 것입니다. 당신이 자신을 그렇게 생각하고 있기 때문입니다. 당신이 자신을 호의적으로 인정하고 받아들이는 날, 바로 이날 마침내 세상은 당신을 받아줄 것입니다. 얼굴이 마음을 나타내는 지표이듯이 마음은 영혼의 지표입니다. 여러분이 느끼고 생각하는 대로 행동방식이 됩니다. 여러분은 자기 자신을 도울 수 있습니다.

가장 심각한 병은 심장병이나 뇌졸중, 암 또는 다른 신체적 질병이 아닙니다. 가장 심각한 병은 두려움이 아니라 외로움입니다. 현대 세계에서 사람들은 모든 안락함을 누리고 살지만 여전히 외로움을 느낍니다. 한 지붕 아래 한 침대를 쓰는 배우자가 있지만 여전히 외롭습니다. 모든 사람이 그렇게 느낍니다. 외로움은 내면 깊은 곳에 있습니다. 가장 깊은 내면과 연관이 있고 외부의 것과는 관계가 없습니다.

오래 전, 어떤 왕자가 동굴에 은거하고 계신 스승님을 찾아왔습니다(히말라야에 있는 여러 동굴은 사실 동굴이 아니라 큰 수도원이었습니다). 당시 나는 어렸고, 매우 활발한 편이었습니다. 오전 10시쯤이었는데, 나는 동굴 밖에 서 있었습니다. 그 왕자는 수행원과 경비원들을 거느리고 와서 제게 이렇게 말했습니다. "브라마차리*Brahmachari*, 네 스승님을 만나고 싶다!"

나는 "물러가세요! 당신은 우리 스승님을 만날 수 없습니다!"라고 말했습니다.

그러자 그가 나에게 건방지고 무례하다고 했고, 나는 "내가 아니라 당신이 건방지고 무례합니다!"라고 대꾸했습니다.

그는 그럴 수도 있다고 깨달았는지 부드럽게 다시 말했습니다. "선생님, 당신의 스승님을 뵐 수 있을까요?"

나는 "네, 이제 뵐 수 있습니다. 겸손해지셨으니까요." 했습니다.

그는 안으로 들어가서 조용히 앉은 다음 스승님께 "굿모닝."이라고 인사를 했습니다. 옥스퍼드대학교에서 교육을 받은 그 왕자는 의미 있는 다른 인사말은 하지 못했습니다. 당신에게 '굿모닝'이란 인사를 하는 사람과 당신은 어느 정도의 관계를 맺고 있는 것일까요? '미안해, 굿모닝, 굿애프터눈' 이런 말은 서양식 만트라지만 의례적인 것에 불과합니다.

스승님께서는 그저 고개만 끄덕이셨습니다. 그 왕자가 물었습니다. "선생님, 외롭지 않으십니까?"

스승님께서 말씀하셨습니다. "당신이 와서 외롭군요."

왕자는 그 말씀을 이해하지 못했습니다. 그러자 스승님께서 "내면의 친구와 즐겁게 친교를 나누고 있었는데 당신이 이렇게 와서 나를 외롭게 만들었소."라고 말씀하셨습니다.

당신이 외로운 것은 참영성을 얻지도, 이루지도 못했기 때문입니다. 무엇이 당신을 외롭게 하는지 잘 생각해 보세요. 사랑하는 사람이나 사랑을 요구하는 사람은 당신을 외롭게 만들 것입니다. 애착을 갖는 사람과 함께하고 싶다는 바람도 당신을 외롭게 할 것입니다. 외부에 있는 모르는 사람 때문에 외로움을 느끼는 것이 아니라 이른바 사랑을 공유한 사람들이 당신을 외롭게 합니다. 그 사랑이 항상 지속되는 것이 아니기 때문입니다. 그래서 갈등이 일어납니다.

그러나 당신의 내면에는 한결같고, 지속적이고, 팔을 벌려 당신을 안아 주는 가장 친한 친구가 있습니다. 삶이 힘들어졌을 때 당신을 도와주는 사람은 누구입니까? 이때 당신과 소통할 수 있는 사람은 없습니다. 당신을 도와줄 준비가 된 아내나 남편이나 친구에게조차 당신은 말할 수 없습니다. 이웃이나 상사 등 모든 사람이 당신을 도우려고 해도 당신은 그들에게 말할 수 없습니다. 당신 내면의 친구만이 "나 여기 있어. 왜 힘들어하는지 말해."라고 할 것입니다. 이런 우정을 쌓으려면 그 친구의 존재를 알아야 하고, 당신 내면에 친구가 있다는 것을 깨달아야 합니다. 그러면 우정을 쌓아가고 당신은 더 이상 외롭지 않을 것입니다.

우파니샤드Upanishads에는 이런 비유가 있습니다.

어떤 사람이 묻습니다. "어떻게 세상을 볼 수 있습니까? 햇빛이 있어서 볼 수 있습니까? 햇빛이 없으면 달빛이 있어서 볼 수 있습니까? 달빛이 없으면 불을 지펴서 볼 수 있습니까? 그 불이 없으면 무엇으로 볼 수 있습니까?"

암흑 속에서도 우리는 자기 자신을 볼 수 있습니다. 눈으로는 보이지 않지만 자신이 존재한다는 것을 알고 있습니다. 존재를 증명할 필요도 없습니다. 사람들에게 "나 지금 여기 서 있지?"라고 묻지 않습니다. 지금 여기 당신이 있다는 것을 당신은 알고 있고, 어떤 증거도 필요하지 않습니다.

당신이 진아眞我를 아는 때가 올 것입니다. 진아, 즉 참자아를 말해 줄 스와미나 책이나 이웃은 필요하지 않습니다. 우리는 '알게 됩니다.' 알게 되는 것은 노력입니다. 그러니 목표를 계속 추구하세요. 여기서 문제는 '어떻게 노력하는가'인데, 먼저 어리석은 생각들을 버리세요. 그러지 않으면 어리석은 생각들이 마음에 갈등을 일으키기 때문입니다. 자기 자신을 알지 못하면서 신을 알려고 노력하겠지만, 오히려 자신을 알려고 노력하면 쉽게 신을 알게 될 것입니다. 제일 중요한 의무는 자신을 아는 것이고, 이 참자아를 알게 되면 모든 것, 즉 신을 알게 됩니다.

그러면 어떻게 참자아를 알 수 있을까요? 명상을 통해서 우리는 제일 먼저 육체는 참자아가 아니라는 것을 알 수 있습니다. 이것을 알면 감각, 프라나*prana*, 에고와 마음도 없앨 수 있습니다. 이런 것들은 모두 변하기 때문입니다. 그리고 남는 것이 참자아입니다. 참자아와 외적인 것들 사이의 관계를 이해하자면, 여러 겹의 차광막으로 가려진 빛을 생각하면 됩니다. 빛을 가린 차광막을 하나씩 하나씩 걷어내면 그 안에 있는 빛을 보게 됩니다. 사실 우리 내면에 이미 참빛이 있기 때문에 빛을 볼 수 있습니다. 전구의 빛, 태양의 빛, 달빛, 타오르는 불의 빛을 아는 것은 우리 내면에 빛이 있기 때문입니다. 내면의 빛으로 다른 모든 빛을 알게 됩니다. 그런데도 흔히 사람들은 내면의 빛을 무시하고 밖에 있는 태양빛을 찾습니다. 먼저 자신의 빛을 보세요. 그러면 다른 빛들을 전부 보고 알게 될 것입니다.

제2장
긍정적인 삶과 습관의 변화

동양에서는 사람들이 만나면 존경의 표시로 두 손을 모아 인사를 합니다. 이것은 개인의 영혼이 우주적, 보편적 영혼과 만난다는 것, 그리고 우리가 "Thou art That."(그대가 그것이다)라는 사실을 인식한다는 것을 상기시킵니다. 두 손을 모으는 동작은 두 영혼이 만나는 지점을 상징합니다. 우리가 손을 모으는 또 다른 이유가 있는데, 그것은 인생의 목적을 달성하려면 내면세계와 외부세계가 조화를 이루어야 한다는 사실을 우리에게 상기시키는 것입니다.

내가 갖게 된 모든 지식은 위대한 성인과 그분들의 말씀으로부터 받은 것입니다. 나는 동서양을 막론하고 세상 사람들이 모두 다른 사람을 알려고 애쓰면서도 정작 자기 자신은 모르기 때문에 내면세계를 깨닫지 못한다는 것을 알게 되었습니다. 사람들은 자기 자신도 제대로 알지 못하면서, 다른 사람을 분석하고 비판합니다. 자기가 싫어하는 점들을 남에게 투사하면서 "저 사람은 그렇고 그런 사람이야."라고 말합니다. 이 투사하는 습관은 일생 동안 우리의 성장을 제한합니다. 그렇게 타인에게 투사하는 한 결코 자신을 명확하게 볼 수 없기 때문입니다.

사실 여러분의 얼굴에는 항상 자연스런 미소가 있어야 합니다. 그러자면 사는 게 무엇인지 분명히 알고 있어야 합니다. 더 깊은 삶의 철학도 이해해야 합니다. 삶의 철학이란 사실 아주 단순해서 일단 이해하게 되면 익숙해지고, 그러면 더 깊은 다른 차원에서 행동하게 될 것입니다. 즉 여러분의 삶을 즐기게 되는 것입니다. 그렇다고 순간적인 즐거움을 누린다는 뜻은 아닙니다. 삶에 대해 올바른 철학을 갖게 되면 여러분이 가진 것이 있건 없건, 내적으로 외적으로 충실한 삶을 즐길 수 있습니다.

인생은 한 편의 원고이며, 이 원고의 저자는 당신이 어떤 사람인지 압니다. 인생은 다른 사람이 쓴 책이 아닙니다. 당신은 자신에 대해 쓴 원고의 저자이며 이 원고의 내용이 당신의 삶입니다. 이 원고의 시작부분과 끝부분은 잃어버렸습니다. 당신이 어디에서 왔는지 어디로 돌아갈지 모르기 때문입니다. 그러나 원고의 가운뎃부분은 가지고 있습니다. 그래서 당신의 현재인 이 가운뎃부분을 탐구하지 않는다면 그 잃어버린 부분들을 찾아내서 복구할 수 없을 것입니다.

책을 읽고 탐구하는 것은 우리 삶에 약간의 위안을 줄 수 있습니다. 그러나 나는 책만 보는 사람들의 말에 귀를 기울이지 않습니다. "그렇게 책만 보고 있으면 실천은 언제하고 생각은 언제 합니까?"라는 물음에 그들은 아무 대답이 없습니다. 우리는 모든 책 중에서 가장 위대한 책을 탐구해야 하며, 그것은 당신의 삶을 써 내려간 원고입니다. 당신은 자기 운명을 만드는 사람입니다. 어느 누구도 당신에게 문제를 일으키거나 불행하게 하거나 고통을 주지 않습니다. 신도 그렇게 하지 않습니다. 신은 공정함과 사랑의 중심입니다. 그런 신이 왜 어떤 사람은 행복하게 하고 또 어떤 사람은 불행하게 하는 불공평한 일을 하겠습니까? 그건 말이 안 됩니다. 사람들은 자기가 겪은 일은 전부 신의 뜻이라고 여깁니다. 그러나 신은 아무도 불행하게 만들지 않습니다. 행복이나 불행은 당신 자신이 만든 결과입니다. 사는 것 자체가 축복입니다. 그러나 행복하게 사는 것은 당신의 행동에 달려 있습니다.

그러므로 당신이 어떻게 행동하는지 이해할 필요가 있습니다. 행동으로 인한 결과를 이해할 필요가 있다는 것입니다. 동물과 인간 사이에는 중요한 차이가 있고, 인간의 행동은 동물의 행동과 매우 다릅니다. 동물의 세계를 보면 동물의 움직임은 대부분 본능에 지배된다는 것을 알 수 있습니다. 그러나 인간은 본능에 전적으로 지배되지 않습니다. 사람에게는 생각하는 뇌가 있고 마음이 있으며, 마음에는 지성과 같은 많은 능력이 있습니다. 인간은 지혜가 있기 때문에 비가 오면 비옷을 입거나 우산을 쓰거나 비를 피할 곳을 찾을 수 있습니다.

인간은 만물 가운데 가장 뛰어난 존재입니다. 이제까지 인간보다 더 높은 존재로 알려진 피조물은 없습니다(우리가 '빛나는 존재' 또는 '천사'라고 부르는 천신 데바*devas*조차도 인간이 되기를 갈망합니다). 당신은 원했던 대로 지금의 당신이 되었고, 이제 되고자 하는 당신도 될 수 있습니다. 그러니 "좋아, 신이 하시는 것이니 다 받아들이겠어."라고 말하지 말고, 깨달음을 얻고 발전하는 일을 늦추지 마세요. 그것은 안일하고 게으른 것이며, 안일함과 게으름은 죄라고 합니다. '죄란 안일함을 의미한다'는데, 나는 사실 이런 것을 죄라고 믿지 않습니다. 죄란 지속적으로 자기 자신을 해치거나 상처를 주는 것, 자신을 발전시키지 못하는 것을 의미합니다. 자신의 삶을 좀 더 깊은 경지로 이끌지 않는 것이나 자신의 내면상태를 알지 못하는 것을 의미합니다. 죄란 다음 단계의 삶으로 나아가지 못하는 것을 의미합니다. 일생 동안 물질과 마음과 에너지를 연구하지만, 내면의 참자아에 대한 연구는 충분히 하지 않습니다. 그저 "신이시여!" 하는 말만 되풀이합니다. 그렇게 우리 조상들이 죽었듯이 여러분도 육신을 떠날 것입니다. 여러분이 자기 자신에 관해 알려고 하지 않는다면 아무것도 새로워지거나 달라지지 않을 것입니다.

삶에서 내면의 차원을 탐구하지 않는다면 외부세계에서 어떤 좋은 것을 얻을 수 있겠습니까? 한순간 느끼는 행복 그리고 길게 이어지는 불행 같은 것은 당신이 원하는 것이 아닙니다. 행복은 영원하게 이어지는 것입니다. 행복은 당신을 고양시키고 다른 사람들과 나눌 수 있는 것이어야 합니다. 당신은 슬픔과 고통을 다른 사람과 나누는 나쁜 습관을 만들어 왔지만 진정한 행복은 나누지 못했습니다. 진정한 행복이 무엇인지 모르기 때문입니다. 내면을 살피고 관찰하고 또 발견하는 방법을 아무도 가르쳐 주지 않았기 때문입니다. 나는 이 사실을 대면하라고 말합니다. 서서히 밝혀 나가고 거기서 깨닫는 길은 힘들고 어려운 일이 아닙니다. 사실은 아주 쉬운 일입니다. 발전을 향해가는 과정에서 가장 쉬운 길은 모든 수준에서 당신 자신을 받아들이고 이해하는 것입니다. 자신을 아는 데에는 구루나 스승과 같은 외부의 지지가 필요하지 않습니다. 일단 그 길을 알면, 목표를 깨닫고 결정을 내리기만 하면 당신이 자신을 이해하기는 쉽습니다.

자기 자신을 아는 첫 단계는 신에 관한 지식이 아니라 당신 자신에 관해 아는 것입니다. 지금까지는 주로 자기 몸을 아는 것이 자기 자신을 아는 것이었습니다. 인간이 물질적 존재이기는 하지만 이 물질적 차원을 아는 것만으로는 충분하지 않습니다. 인간은 숨을 쉬는 존재고 감각을 느끼는 존재지만 생각하는 존재이기도 합니다. 이런 것은 당신이 다양한 정도와 다양한 단계로 흐르는 내면 의식의 중심이기 때문에 일어나는 것입니다. 내면을 향한 여정에서 자신이 누군지 탐구하면서 우리는 삶을 잘 이끌 수 있고, 습관을 이해할 수 있으며, 세상에서 행복하게 살아가는 법을 배웁니다. 이것을 배우려면 행동, 말, 마음이라는 세 가지 차원에서 자신을 탐구해야 합니다. 당신이 학습하는 내용은 모두 이 세 가지 차원에서 당신을 향상시키는 데 도움이 될 것입니다.

인도의 주요 경전 가운데 하나인 바가바드기타*Bhagavad Gita*는 베다*Vedas*와 우파니샤드*Upanishads*의 진수를 담고 있습니다. 여기에서 "오 인간이여, 네 행위를 슬기롭게 함으로써 완성에 이를 수 있느니."라는 말로 인간 행위의 중요성을 설명합니다. "뿌린 대로 거두리라."는 잠언은 보편적 법칙으로, 당신의 행위에는 반드시 결과가 따른다는 것입니다. 이 법칙에 '예외'란 없습니다. 원인과 결과의 문제일 뿐입니다. 사과 씨를 심었다면 그 나무에 배가 열리지 않습니다. 배가 열리게 해 달라고 아무리 기도해도 그런 일은 일어나지 않습니다. 그런 기도는 시간과 에너지의 낭비일 뿐입니다. 우리가 경험하는 일은 우리 행위가 결정하기 때문입니다.

여러분은 "어린 시절은 이미 지나갔고, 다시 돌아오지 않는데 우리에게 아직 개선의 여지가 있을까요?"라고 물을 것입니다. 대답은 이렇습니다. 행위에 대한 책임이 전적으로 자신에게 있다는 사실을 깨닫기만 하면 당신은 분명히 개선될 수 있고 성장할 수 있습니다. 먼저 슬기롭게 행동하는 것을 배워야 합니다. 무슨 행동을 하든지 그 결과를 당신이 책임져야 하기 때문에 슬기롭게 행동해야 하는 것입니다. 책임질 행동이 아니라면 그 행동은 아무 의미가 없습니다. 그것을 의무로 여기고 그렇게 할 것을 받아들였기 때문에 당신의 행위는 책임의 일부가 되었습니다. 행동을 할 때에는 그 결과물을 당신이 수확하게 되어 있다는 사실을 알아야 합니다. 행위로 인한 결과물은 더 많은 행위를 하도록 다시 동기를 부여할 것입니다. 우리는 아침부터 저녁까지, 끝없이, 전 생애를 통해 계속 행동합니다. 행위와 결과라는 과정은 끝없이 계속되고, 당신은 그것의 소용돌이에 휘말리게 됩니다.

그렇다면 어떻게 이 소용돌이에서 빠져나올 수 있을까요? 우리는 한순간도 행동을 하지 않고는 살 수 없습니다. 인간은 인간이기 때문에 어떤 행동이든 하게 되어 있습니다. 인간의 습관은 이렇게 형성됩니다. 어느 날 당신은 이러저러한 행동을 합니다. 다음날 그 경험의 기억이 당신에게 다시 그 행동을 하도록 하고, 다음날도 또 그 다음날도 당신은 그 행동을 하게 됩니다. 이렇게 같은 행위를 반복하면 할수록 그 행동이 당신 마음에 만들어 낸 자국은 점점 깊어지고 이것이 결국 습관이 되는 것입니다.

오랫동안 술을 마시지 않은 사람이라면 '아, 내가 습관적으로 술을 마시는 건 아니었구나. 술을 안 마시고 지낼 수도 있어.'라고 생각할 수 있습니다. 그러나 당신이 자신의 습관을 곰곰이 생각하면서 '내가 술을 오랫동안 마셔왔구나. 이제 내 힘으로 술을 끊기는 어려워.'라고 깨달을 수도 있습니다. 이때 '도움이 필요해.' 하면서 중독의 굴레에서 벗어나려고 마음먹고 확고한 결단을 내리면 당신 자신의 행동을 당신이 바꿀 수 있습니다. 진정으로 도움을 원하면 세상에는 당신을 도울 사람들이 많이 있습니다. 당신이 지닌 문제는 죄가 아닙니다. 그것은 나쁜 습관일 뿐입니다.

자신을 잘 관찰해 보면 여러 습관이 곧 당신의 인격이라는 것을 깨달을 것입니다. 습관이 인격을 만듭니다. 사람의 인격은 여러 습관들로 엮여져 만들어집니다. 습관패턴은 반복적인 행동의 결과입니다. 마음의 어떤 차원에서 생각하거나 원하지 않으면 어떤 행동도 하지 않습니다. 그러므로 습관과 인격은 그 차원이 반영된 것입니다. 예를 들어, 우리가 어느 방향으로 갈 생각조차 하지 않는다면 그쪽으로 가는 일은 없을 것입니다. 각각의 행동에 동기를 부여하는 것은 사실 우리의 생각입니다. 생각과 느낌을 표현하기 전에 습관이 어떤 특정한 행동양식으로 우리 마음을 이끌고, 그러면 그 행동양식들이 드러납니다.

습관은 우리 삶에서 강력한 역할을 하고 영적인 발전에 지대한 영향을 끼칩니다. 습관이 어떤 식으로 형성되는지 알게 되면 여러분은 긍정적인 삶의 길을 알게 됩니다. 그러니 습관패턴이 어떤 식으로 형성되는지를 알아야 합니다. 반복적으로 하는 것은 무엇이든 우리의 무의식적인 마음에 섬세한 행동양식을 만들고, 그것이 점차 굳어지면 통제할 수 없게 됩니다. 이럴 때에는 의식적으로 새로운 행동양식을 만들어야만 마음이 이 새로운 행동양식 쪽으로 흘러서 새로운 습관의 패턴이 만들어질 것입니다. 당신의 행동을 주도하는 주인이 당신 자신이라는 것을 깨닫는 날, 그날은 당신에게 위대한 날이 될 것입니다. 그러나 이것을 깨닫기 전에는 마음의 노예일 뿐입니다.

어떤 습관패턴은 나쁘고 어떤 습관패턴은 좋다고 할 수 있을까요? 신체적, 정신적, 영적인 모든 면에서 건강을 해치는 것들은 나쁜 습관이라 할 것입니다. 좋은 습관이란 건강과 도움을 주는 것입니다. 우파니샤드에서는 프레야*Preyas*와 쉬레야*Shreyas*에 관해 이야기합니다. 프레야는 '즐거움을 주는 것'이고 쉬레야는 '도움이 되는 것'을 말합니다. 때로 즐겁기는 하지만 전혀 도움이 되지 않는 것이 있고, 도움은 되지만 전혀 즐겁지 않은 것도 있습니다. 특히 처음엔 부정적인 습관 때문에 그럴 수 있습니다. 그러므로 정말 좋은 것이 무엇인지, 도움이 되는 것은 무엇인지 잘 파악해야 합니다. 만일 내가 어떤 사람에게 "당신 남편을 그만 괴롭히세요. 그리고 이제 단 것을 끊으세요."라고 하면 그 사람은 "나는 남편을 사랑해요. 하지만 어쩔 수가 없어요. 난 원래 거칠어요. 그리고 단 것을 끊을 수 없어요."라고 대답하겠지요. 그 사람은 자기 남편이 좋은 사람이며 남편을 무척 사랑하고 있다는 것을 압니다. 그러나 그녀가 단 것을 먹으면 그것이 그녀의 신체에 동요를 일으키고 그러면 남편에게 싫은 소리를 하며 괴롭히게 되는 것입니다.

이것이 습관입니다. 여러분은 그런 행동이 자기 자신을 해치고 있다는 것을 압니다. 그러니 외부에서 그 원인을 찾지 마세요. 자기 자신을 돕기로 스스로 결심하지 않으면 아무것도 당신을 도울 수 없습니다. 그러나 자신을 개선할 결심을 한다면 그때 신의 섭리 또한 당신을 도울 것입니다. 만일 당신이 자신을 병들도록 한다면 신의 뜻이 그것을 허락할 것입니다. 어떤 행동을 반복적으로 하면 그것이 중독이 됩니다. 당신은 그 행위가 나쁘다는 것을 알면서도 계속합니다. 어느 것도, 어떤 사람도 당신이 가진 지식의 힘이나 지혜를 흐리게 하지 않습니다. 그러나 당신이 자신을 건강하게 만들려고 하면 신은 "내가 네 배터리를 충전하는 데 필요한 모든 것을 다 주겠다."라고 말할 것입니다. 당신은 자신이 알고 있는 것을 실천하고 적용해야 합니다.

한 예로, 아쉬람에서 매일 제자들을 가르치던 스와미가 있었습니다. 어느 날 스와미는 무집착의 철학인 바이라그야*vairagya*에 대한 가르침을 주었는데, 제자 중 한 사람이 그것을 듣고 깊은 감명을 받았습니다. 그는 숲에서 수행하며 살기 위해 떠났고 12년 만에 깨달음을 얻었는데, 함께 배우던 옛 친구들이 궁금해서 아쉬람으로 돌아왔습니다. 그런데 친구들은 여전히 예전처럼 그 자리에 앉아 있고 스승도 똑같은 것을 가르치고 있었습니다.

이 얼마나 시간 낭비입니까! 중요한 것은 외부에서 알아야 할 것은 많지 않다는 사실입니다. 우리는 내면에 이미 모든 참지식을 가졌습니다. 이제 그 지식을 적용하는 방법을 배워야 합니다. 우리는 "착해야 한다, 점잖아야 한다, 성실해야 한다."라고 들었고 배웠습니다. 이제는 알고 있는 것을 실천하고 이해하고 자신에게 적용하는 법을 배워야 합니다.

요즘 사람들은 상상할 수 있는 모든 편리함을 다 갖추고 살지만 여전히 행복하지 않습니다. 그들 인생에는 굳건히 의지할 버팀목이라 할 것이 아무것도 없어서 불안과 괴로움으로 가득 차 있습니다. 사람들의 심각한 얼굴을 보면 미소 짓는 것조차 모르는 것 같습니다. 내가 여러분에게 명상을 권하는 이유가 바로 그 때문입니다. 매일 단 몇 분이라도 고요해지기를 배우세요. 그래서 여러분 내면에 있는 무궁한 지식의 창고에서 지식이 흘러나와 인생의 목적이 그냥 먹고 사는 것만이 아니며 앞으로 나아갈 수 있다는 것을 깨달아야 합니다. 그것만이 오직 인생의 더 높은 목표를 성취할 수 있도록 여러분을 편안하고 안전하게 지켜줄 것입니다. 여러분은 과제의 일부, 즉 외부에서 필요한 것들을 얻는 일은 이미 끝냈지만 그 외에는 아직 아무것도 이루지 못하고 있습니다.

자신을 탐구하세요. 이 작업을 올바로 실행하면 완성에 다다를 것입니다. 자기 자신과 협력하는 작업을 해 보기 바랍니다. 당신이 말을 많이 하는 성격이라면 이제부터 쓸데없는 말이 아닌 의미 있는 말을 하겠다고 결심하면 됩니다. 말이 많은 사람들은 대체로 허튼소리를 많이 합니다. 정말 하고 싶은 말은 하지 않습니다. 사람들은 말로써 에너지를 낭비하는데, 행동에서도 그렇습니다. 자신의 건강과 미래를 해치는 행동으로 에너지를 허비합니다. 자기 자신을 아는 일을 포기해서는 안 됩니다. 포기는 의지력을 약화시키며 매우 파괴적인 것입니다. 당신의 의지로 말하세요. "나는 할 수 있다. 하겠다. 해야 한다!" 항상 이것을 상기해야 합니다. "나는 할 수 있다. 기필코 하겠다. 반드시 해야 한다!" 실패하거나 넘어지면 다시 시도하면 됩니다. 절대로 포기하지 마세요. 포기는 패배입니다. 이런 패배는 당신 내면의 감수성을 해치고, 결국 그 민감성을 잃게 될 것입니다.

그러니 분별력을 길러야 합니다. 내면의 상태를 향상시키기 위해 외적인 변화를 할 필요는 없습니다. 지금 그대로면 됩니다. 결정을 하고 결단력을 길러나가면 최고의 상태에 이를 수 있습니다. 내면을 탐구하면 길을 잃지 않을 것입니다. 그러나 외부에서 무언가를 찾으려 한다면 길을 잃고 말 것입니다. 당신의 총체적인 자아부터 시작해서 존재의 가장 섬세한 면에 이르기까지 내면으로 탐색해 들어가세요.

여러분이 자신을 면밀히 관찰해 보면 많은 경우 당신이 부정적이라는 것을 알아차릴 것입니다. 남편이 제때에 귀가하지 않아서 걱정하는 어떤 아내를 생각해 봅시다. 밤 아홉 시면 집에 오는 남편이 열 시 반인데도 돌아오지 않았습니다. 이럴 때 이 아내가 자신의 불길한 생각이나 두려움을 다스리지 못한다면 경찰서나 병원으로 전화를 하거나 이웃을 성가시게 하거나 자녀들을 깨울 것입니다. 이것은 전부 그녀의 부정적이고 두려운 생각 때문입니다. 여러분이 늘 이렇게 부정적이고 두려운 생각을 하고 있다면 죽는 것이 두렵고, 원하는 것을 갖지 못할까 봐, 가진 것을 잃을까 봐 두려울 것입니다. 두려움이 너무 많은 사람에게 이 두려움은 가장 큰 적敵입니다.

여러분은 늘 생각이란 것을 합니다. 그러나 분명한 철학은 아직 갖지 못했습니다. 자기 삶에 대한 확실한 철학이 있어야 하며, 이 것은 삶에서 당연한 것으로 받아들인 자신의 의무를 이해하는 것에서 시작해야 합니다. 이런 의무를 다하지 않고는 살 수 없습니다. 그러므로 여러분은 카르마(karma, 인과응보)의 법칙을 배우고 잘 이해해야 합니다. 즉 당신이 어떤 행동을 하든 그 행위의 결과를 받아들여야 하는 것입니다. 그 결과는 다음 행동에 동기를 부여하고 이 과정은 끝없이 이어집니다. 카르마를 행하지 않고 살 수는 없습니다. 신체를 돌보고 음식을 먹고 목욕을 하는 등 일상의 의무라고 하는 행위도 당연히 해야 합니다. 그러므로 행위를 완전히 포기하는 그런 일은 있을 수 없습니다. 그러나 자유의 길은 있습니다. 자신의 행위와 카르마의 굴레에서 벗어나는 자유입니다. 이것은 세상 속에 살지만 세상의 영향을 받지 않는 것입니다. 여러분은 이 자유를 배울 수 있습니다.

자아를 인식하는 길은 일하는 것으로 시작합니다. 의무를 다하는 것입니다. 제자들에 대한 내 의무는 사심 없이 그들을 가르치는 것입니다. 내가 이 의무를 잘 해내지 않는다면 내 양심은 내면의 갈등을 겪을 것이고 나 자신을 괴롭히게 될 것입니다. 마음의 그런 갈등은, 특히 여러분의 의무와 관련되었을 때에는 고통의 근원이 됩니다. 그러므로 여러분이 하고 있는 행동을 잘 살피면서 그것을 이해하는 것을 배우라고 말하는 것입니다. 누군가 "지금 뭐하고 있어요?"라고 물으면 당신은 "하고 싶지 않은 일인데 할 수 없이 하고 있어요."라든가, "앉아서 쉬고 싶어. 차 한 잔 마시면서 너랑 얘기하고 싶은데 그럴 수가 없어."라고 말합니다. 이런 식으로 마음에 갈등과 분리가 일어납니다. 당신은 하지 않으면 살 수 없다고 생각하기 때문에 어떤 행동을 하고 그에 대한 결과가 뒤따릅니다. 당신은 자기 행동의 결과물을 반드시 움켜쥐어야 하기 때문에 괴로운 것입니다. 당신은 이기적이고 소유욕이 강한 것입니다. 그래서 괴롭습니다. 이런 당신이 해방과 자유를 말한다면 그것은 도와달라고 소리치는 것에 불과합니다. 그러나 다른 사람에게 베푸는 것을 배우면 당신은 자유로워질 것입니다.

긍정적이고 즐겁게 살기를 원한다면 자기 행위의 결과물을 다른 이들에게 주면 됩니다. 그리고 세상 것들에 마음을 쓰지 않겠다는 결심을 하세요. 나눔을 배우지 않으면 여러분은 계속 이기적이고 부정적인 사람으로 살 것입니다. 부정적 사고를 가진 사람은 이기적이고, 긍정적 사고를 가진 사람은 관대합니다. 우리는 부정적 생각을 하는 사람을 믿고 의지할 수 없습니다. 긍정적인 행동을 한 번도 해 본 적이 없는 사람도 있습니다. 그래서 남에게 아무것도 줄 수가 없습니다.

이제 함께 사는 사람들과 가까운 사람들에게 주는 법을 배우세요. 마음과 행동과 말로 자발적인 나눔을 배우기 바랍니다. 이것이 자유로 가는 첫걸음입니다. 사랑이 담긴 행동과 베풂을 배울 때 자유로울 수 있습니다. 사랑은 해로움이 없다는 뜻입니다. 그러니 배우자, 자녀, 친구에게 해를 끼치거나 상처를 주거나 마음 아프게 하지 않기로, 즉 사랑하기로 결심해야 합니다. 사랑을 표현한다 해서 다른 사람에게 해를 끼치거나 상처를 주지는 않습니다. 사랑하는 사람에게 너 없이는 살 수 없다고 말하는 것은 사랑이 아니라 이기심입니다. 누군가를 사랑한다면 그 사람을 해치거나 상처 주지 않는 것, 그것이 사랑을 표현하는 옳은 방식입니다.

오늘날 '스트레스'는 주요한 관심사가 되었습니다. 그런데 스트레스의 원인이 무엇일까요? 여러분의 이웃이나 가족, 일이 여러분에게 스트레스를 주는 것이 아닙니다. 스트레스는 하지 말아야 할 일을 하고 있다고 느낄 때나 억지로 하고 있다고 느낄 때에 생깁니다. 또한 스트레스는 하고 싶은 일을 할 수 없을 때에도 생기는데, 그로 인해 마음에 갈등이 일어납니다.

여러분이 스스로 만든 갈등의 소용돌이에 휘말려 있다면 어떻게 벗어날 수 있겠습니까? 사실 대부분의 고통은 여러분 자신이 만든 것입니다. 그런데도 신에게 도움을 청합니다. 여러분이 만든 고통을 어떤 신이 내려와서 도울 수 있겠습니까? 그런 일은 없을 것입니다. 그러니 매일 아침, 어떤 일이 일어나든지 그 일 때문에 마음이 산란해지지 않겠다고 다짐을 하세요. 감정적으로 흔들리면 가치 있는 일을 할 수 없습니다.

우리는 남들에게 좋게 보이려고 노력하지만 실제로는 그들을 속이고 있습니다. 자신의 실제 모습이 아닌 그런 모습을 보여 주려고 애씁니다. 잘 차려입고 머리를 아름답게 매만지는 것은 좋은 일이지만, 그런 것들은 여러분 내면의 실제 모습과는 아무 상관이 없습니다. 모든 사람이 사는 게 스트레스라고 느끼면서도, 멋진 옷을 입고 좋은 사람으로 보이려고 애를 씁니다. 그러니 모든 사람은 자신의 실제 모습을 숨기려고 가면을 쓰고 있는 것입니다. 이것이 더 스트레스가 됩니다.

어느 소녀에게 관심을 가진 한 소년이 생각납니다. 그 아이는 "스와미지, 저 여자애는 정말 예뻐요. 저 애가 없다면 저는 살 수 없을 거예요. 너무나 아름다워요."라고 했습니다.

그러나 나는 이렇게 말했습니다. "저 아이와 결혼하지 마라." 소년의 사랑이 아직 성숙한 것이 아니라고 생각했기 때문입니다.

그런데 어느 이른 아침에 아직 화장을 하지 않은 소녀의 얼굴을 보게 된 소년이 내게 와서 "저는 이제 그 소녀와 결혼하고 싶지 않아요. 정말 못생겼어요!" 소녀의 아름다움에 대한 감탄과 찬사가 한순간에 사라졌습니다. 그 소녀는 자고 있다가 문을 두드리는 소리를 듣고 문을 열었을 뿐인데, 소년의 결혼 생각이 사라진 것입니다. 나는 "네 사랑이 그토록 얄팍하다니 안됐구나. 너는 화장품을 사랑한 것이냐?"

위선적이 되거나 부정직해지지 마세요. 당신의 있는 그대로를 보여 주려고 노력하세요. 자기 자신을 받아들이고 자기 자신에게 좋은 느낌을 갖는 것은 바람직합니다. 그러나 자신에 대해 좋은 느낌도 없고 있는 그대로의 자신을 받아들이지도 않는다면 "나는 괜찮아."라고 말하지 마세요. 집에서 가족이 기분이 어떠냐고 물을 때조차도 여러분은 사실대로 솔직하게 말하지 않습니다. 당신이 솔직하지 않을 때 마음에 갈등이 일어납니다. 나쁜 습관을 만들고 있는 것입니다. 그러면서 당신은 두려움으로 약해지고 자신을 불안정하게 만듭니다.

물론 당신은 남의 기분을 상하게 하고 싶지 않겠지만 행복하지 않으면서 행복한 척 연기하는 습관은 지속적으로 남들에게 사실이나 진실을 말하지 않는 것과 같습니다. 그렇게 나쁜 습관이 몸에 배면 그것이 당신 삶의 일부가 되고, 자신의 솔직한 느낌을 자각하지 못하는 사람이 됩니다. 부정직하지 않은 긍정적인 사람이 되고 싶다면 또 한 가지 방법이 있습니다. 여러분은 "다 잘 될 거야." 또는 "신께서 도와주실 거야." 또는 남이 신경 쓰지 않도록 수많은 좋은 말을 쉽게 할 수도 있습니다. 그러나 괜찮지 않으면서 괜찮다고 말하지 마세요. 기쁨과 즐거움은 사람들과 나누어야 하지만, 억지로 미소 짓는 데에서 기쁨이 오는 것은 아닙니다. 그런 미소는 뺨을 맞고 짓는 미소 같은 것입니다. 미소는 솔직해야 합니다.

여러분은 최면에 걸린 듯 남의 말에 빠져 있어서 자기 내면을 정확하게 관찰하지 못합니다. 사람들이 "너는 이런 사람이야." 또는 "넌 그런 사람이야."라고 하면 그런 말을 받아들이고 그들이 말하는 그런 사람이 되어 갑니다. 당신에게 어떤 문제가 생기면 사람들은 각기 다른 해결책을 내놓습니다. 모두 당신의 스승이 되려고 합니다. 그러나 불행하게도 당신은 아직 자신의 스승이 되지 못하고 있습니다. 당신이 지속적으로 외부에서 받아들인 것들에 휩쓸려 있기 때문에 스스로 새로운 무언가를 찾아내지 못합니다.

타인의 견해에 흔들리지 않고 자기 내면을 탐색하며 자신을 찾아가는 방법을 배울 때, 자신의 사고 과정과 욕망, 감정과 기호를 확실히 이해하기 시작할 때 진정한 교육은 시작됩니다. 당신이 독립적으로 자신을 바라보는 것을 배우는 그날, 당신은 자유로워질 것입니다.

'인사이더'insider가 되는 것을 배워야 합니다. 인사이더는 내면의 실재를 인식하고 주의를 기울입니다. '아웃사이더'outsider는 외부의 실상만을 인식합니다. 여러분의 생애를 아웃사이더로 살아가지 말기 바랍니다. 점진적 성장을 이루어 나가기 바랍니다. 시작할 때 당신은 20%는 인사이더, 80%는 아웃사이더일 수도 있습니다. 그러나 당신이 서서히 내면으로 들어가면서 50% 인사이더, 50% 아웃사이더로 발전할 수 있습니다. 이 정도면 훌륭한 조합입니다. 반은 이곳에, 반은 저곳에 있기 때문입니다. 육신의 빛이 사그라지기 전에 당신의 모든 의식을 내면으로 집중하기를 배우세요. 그렇게 되면 당신의 껍데기만 이곳에 남게 됩니다. 이렇게 점진적 성장을 이루게 될 것입니다.

    자신의 나약함에 직면하더라도 포기하지 마세요. 당신이 여성이기 때문에 무엇을 할 수 없다고 생각하지 말고, 혼자라고 생각하지도 말기 바랍니다. 그건 부정적인 생각입니다. 그렇게 부정적으로 생각하지 마세요. 최선을 다하고 자신의 모든 행위와 그 결과를 우리 삶의 주인이신 전능하신 신께 맡기면 됩니다. 당신 내면의 가장 깊은 곳에 계시는 그분께 기도하세요. "제가 견뎌낼 힘을 주소서. 제가 성공할 수 있도록 힘을 주소서. 제가 당신을 잊지 않도록 힘을 주소서." 이렇게 청한다면 당신은 힘을 얻게 될 것입니다. 모든 힘은 내면에서 나옵니다. 외부세계는 당신에게 생기를 주지만 힘은 내면에서 나옵니다.

    인격을 변화시키고 진실한 길을 따르고 싶은데 만일 실수를 범했더라도 진리를 추구했기 때문에 도움을 받게 될 것입니다. 우리의 내면세계는 주변에 보이는 세상보다 훨씬 크고 강합니다. 우리 내부에는 위대함이 있습니다. 당신의 행동과 말과 마음을 지켜보는 관찰자가 있습니다. 이 관찰자가 실제로 우리의 가장 뛰어난 부분입니다. 우리가 이 차원으로 들어가는 날, 그때부터 자신을 비난하지 않게 될 것입니다. 자신의 약한 면도 더 이상 보이지 않을 것입니다. 그곳으로 가서 내면의 자아를 찾으세요. 계속 밖에서 길을 잃지 말고, 자신의 참모습과 타고난 본성에 무지한 채로 살지 마세요.

산스크리트 경구에 "너 스스로 너를 돕는다면 신께서 도울 것이다. 그러나 네가 자신을 돕지 않는다면 신께서도 너를 돕지 않을 것이다."라는 말이 있습니다. 대양은 물로 가득 차 있고 우리는 원하는 만큼 많은 물을 끌어올 수 있습니다. 어디에나 빛이 있고, 자연은 어디나 풍요롭습니다. 필요에 따라 얼마든지 자연의 힘을 사용할 수 있습니다. 그러므로 당신은 필요한 힘을 전부 가졌습니다. 당신은 그저 의식만 하면 되고, 자신이 누구인지 인식하기만 하면 됩니다. 카르마의 굴레에서 해방되는 것이 자유를 향한 첫걸음입니다.

제3장
인격의 완성

'인격'personality이라는 말은 그리스어의 '페르소나'persona 또는 '가면'mask에서 파생되었습니다. 고대 그리스에서는 배우들이 자신이 맡은 역할을 나타내는 가면을 쓰고 연극을 했습니다. 그런데 사실 여러분도 가면을 쓰고 있습니다. 그것이 당신의 인격입니다. 당신의 습관이 가면을 만들어 내고 그것이 당신의 인격이 되는 것입니다. 그러면 실제 당신은 어떤 사람일까요? 누가 당신을 위해 그런 가면을 만들었을까요? 바로 당신입니다. 그 가면은 당신 자신이 만들었습니다. 자신을 만들어 온 방식이 바로 당신입니다. 가면은 때로 방어용이고 때로 보호용이며, 사람을 피하기 위해 사용하기도 하고 창조적인 목적을 위해 사용하기도 합니다. 여러분은 이렇게 다양한 이유에서 인격이라는 가면을 착용합니다.

가면은 당신이 선택합니다. 가면으로 자신을 창조합니다. 고통을 겪을 때 사람들은 그것이 신의 뜻이라고 생각할 때가 있습니다. 그러나 이것은 너무나 빈약한 철학입니다. 신은 그 누구도 고통을 겪는 것을 원치 않습니다. 신이 왜 고통을 창조하는 데에 관심을 갖겠습니까? 당신이 지금 그 모습이 되기를 원했고 그렇게 자신을 만들어 왔습니다. 그러므로 자신의 인성과 그것에서 비롯된 갈등을 남의 탓으로 돌려서는 안 됩니다.

그런데 당신의 인격은 당신 자신이 만든 것이라는 사실을 간과하고 "이게 나야."라거나 "신이 나를 이렇게 만든 거야."라고 하는데, 그것은 당신이 '신'이라는 말을 잘 이해하지 못하고 있다는 의미입니다. '신'이라는 말은 공정함, 사랑, 이타적 탁월함의 법칙, 즉 삶의 최고선을 상징합니다. 신께서 지금의 당신을 만들었다고 주장하면서 신의 개념을 잘못 사용해서는 안 됩니다. 당신은 찬란한 빛의 섬광입니다. 이것에는 의심의 여지가 없습니다. 당신의 내면에 존재하는 이 위대한 빛은 사실 핵심이고, 전 우주는 그 핵심이 확장된 것입니다. 당신이 그것을 경험할 때 비로소 이 진리를 이해하게 될 것입니다.

고통은 자신의 행위에서 비롯된 것입니다. 행위들은 과거, 현재, 미래의 세 가지로 나눌 수 있는데, 이를 이해하기 위해 당신이 지금 어깨에 화살통을 메고 있다고 상상해 봅시다. 당신이 이미 과녁을 향해 날려 보낸 일단의 화살은 과거의 행위입니다. 당신 손에 들려 있는 화살은 현재의 행위를 나타냅니다. 아직 화살통에 남아 있는 화살은 미래에 당신이 행할 행위입니다. 당신은 과거에 있었던 어떤 일 때문에 행복하지 않을 수 있습니다. 자신이 잘해 낼 수 있을 거라 기대했지만 그렇게 하지 못한 것을 자책하며 '제대로 하지 못했어, 올바르지 못했어.'라는 생각을 계속하고 있는 것입니다. 다시 말해서 자책하는 습관을 만들면서 부정적인 마음을 갖게 되는 것입니다. 그러나 당신의 현재와 미래의 행위는 아직 당신 손안에 있습니다. 이제 여기에 마음을 집중해야 합니다.

여러분에게는 자기 운명을 바꿀 힘이 있습니다. 인격을 바꿀 힘을 가지고 있는 것입니다. 인생의 흐름 전체를 바꾸어서 새로운 방향으로 나아갈 힘을 여러분은 지니고 있습니다. 이렇게 하는 데에는 한 가지 어려움이 있는데 그것은 당신의 습관패턴입니다. 여러분의 인격은 습관패턴으로 짜여 있고, 습관은 당신이 행동과 생각을 반복하고 그것이 무의식적으로 될 때 형성됩니다. 결국 완전히 자리 잡힌 습관이 되는 것입니다. 당신의 모든 습관이 어떤 행동이나 생각이 계속 반복되는 단순한 과정으로 만들어진다는 사실을 알게 되면 당신은 습관을 버리거나 바꾸는 다른 과정을 배울 수 있습니다.

나는 중고등학교나 대학에서 '잊는 법'을 가르치지 않는다는 것을 알게 되었습니다. 우리가 이미 습득한 부정적이고 혼란한 생각들을 지우는 방법을 배우지 못했습니다. 그래서 잊고 버리지 못합니다. 편안하게 쉬려고 잠자리에 들면 많은 생각이 계속 떠오릅니다. 자꾸 밀려오는 생각을 떨쳐내지 못합니다. 그것은 우리가 생각을 지우는 방법을 배우지 못했고, 자유로워지고 싶을 때 자유를 얻는 법을 배우지 못했기 때문입니다. 쉬고 싶은데 계속 밀려오는 생각 때문에 쉴 수가 없습니다.

마음은 실재와 당신 사이에 놓인 벽입니다. 우리는 책에서 많은 것을 배웁니다. 우리 마음에 대해 탐구하면서 오늘은 마음이 평화로우니 내가 마음을 다스렸다고 느낄 수 있습니다. 그러나 내일 갑자기 화를 낼 수도 있습니다. 하면 안 되는 말을 하거나, 하지 말아야 할 행동을 할지도 모릅니다. 당신은 자기가 왜 그런 행동을 하는지도 모르고 남을 탓할 것입니다.

인간관계가 지닌 취약한 면 중에 가장 파괴적인 것이 남을 탓하는 것입니다. '내가 너 때문에 괴롭다.' '너 때문에 내가 불행해.' 이런 생각을 합니다. 불행해지면 남을 탓하면서 동시에 누군가가 당신을 행복하게 해 줄 것을 기대합니다. 하지만 그렇게 해 줄 사람은 없습니다. 당신을 행복하게 또는 불행하게 만드는 것은 당신의 삼스카라*samskaras*, 즉 무의식의 마음에 저장된 인상印象들입니다.

이것을 이해하자면 몸과 마음의 관계에 대해 알아야 합니다. 당신이 나를 바라본 다음 몇 분 후에 다시 나를 보면 나를 알아볼 것입니다. 당신의 시신경이 당신 마음에 내 인상을 심어 그것을 저장했고, 당신이 나를 다시 보았을 때 그 인상이 떠오르는 것입니다.

삼스카라는 당신이 경험하고 생각한 것을 당신의 무의식의 마음에 심어 놓은 강력한 씨앗입니다. 이 씨앗들은 당신의 이번 생애 내내 지속되고, 성자들은 이것이 다음 생까지 이어진다고 합니다. 그것은 당신 몸의 기능 방법과 당신이 생각하고 느끼는 것, 심지어 욕망하는 것에도 영향을 미치는 강력한 동기입니다. 이 모든 것은 당신이 지금까지 한 모든 행동을 저장해 둔 내면의 저장소, 즉 '기억의 씨앗'인 삼스카라에 기인한 것입니다.

마음에는 두 가지 측면이 있습니다. 의식과 무의식이 그것입니다. 의식 부분은 전체 마음에서 아주 작은 일부입니다. 그것은 살면서 받은 모든 교육과정에서 훈련된 부분입니다. 그런데 모든 경험은 무의식 안으로 들어갑니다. 자기 자신을 탐구하지 않거나, 성장을 위한 신실한 수행을 하지 않거나 또는 인격을 올바로 바꾸려고 노력하지 않는다면 당신은 무력감을 느끼고 결국 삼스카라에 좌우되고 맙니다.

여러분의 내면 깊은 곳에 당신의 행동과 사고 과정을 방해하는 모든 삼스카라의 씨앗, 환상 또는 인상들이 저장된 저장소가 있습니다. 아무리 배우자나 자녀나 친구들이 당신에게 걱정하지 말라고 해도 당신은 걱정을 멈출 수가 없습니다. 그 깊은 저장소에서 올라오는 것들의 영향에서 벗어나지 못합니다. 그것은 당신이 습득한 습관패턴 때문입니다. 어쩌면 성격이 나빠서 화를 내거나 분노를 조절하지 못하는 것일 수도 있습니다. 당신은 자신을 다스리는 것을 배우지 않았습니다. 당신에게 해가 되는 분노를 잘 들여다봐야 합니다. 왜 그렇게 화가 나서 비뚤어진 말을 하는지, 왜 전혀 딴사람처럼 느끼는지, 왜 자신을 잊어버리고 책임도 관계도 잊어버리는지 분석해 보아야 합니다. 도대체 왜 그렇게 불같이 화를 내고 상처주고 해가 되는 말을 하는 것일까요?

당신이 이것을 분석해 본다면 무의식의 마음에 쌓아온 삼스카라에서 그 이유를 찾아낼 수 있을 것입니다. 충족되지 못한 수많은 갈망이 그곳에 있습니다. 인간으로서 여러분은 갈망하는 것이 있고, 인간은 갈망하지 않고 살 수 없습니다. 그러나 갈망은 내면의 분별력에 의해 여과되어야 합니다. 당신의 붓디(*buddhi*, 지성)에는 어떤 갈망이 유익한 것인지 판단하고 결정하는 기능이 있습니다. 그러므로 그 기능을 계발해야 합니다. 그래야 갈망의 수위를 조절할 수 있습니다. 문제를 일으키는 또는 아무 도움이 안 되는 갈망은 헛된 욕망입니다.

어떤 기자가 마하트마 간디에게 행복할 수 있는 방법을 물었습니다. 간디는 "아무것도 갈망하지 않으면 행복할 것입니다."라고 대답했습니다. 일반적으로 사람들은 '신을 만나면 행복해질 거야.'라고 생각합니다. 그러나 실제로 여러분이 아무것도 갈망하지 않는다는 것은 모든 갈망이 충족되었다는 뜻이며 그래서 행복하다고 할 수 있습니다.

어떤 갈망이 추구해야 할 올바른 갈망인지 또는 유익한 갈망인지 분별하고 이해하는 능력을 키워야 합니다. 그리고 당신에게 합당하고 당신이 실현할 수 있는 것을 갈망해야 합니다. 내면에서 올라오는 갈망을 분별할 수 있게 되면 자신에게 해롭거나 자신을 무분별하게 하거나 무력감에 빠지게 만드는 것들을 갈망하지 않게 될 것입니다. 갈망이 충족되지 못하면 인간은 불행해집니다. 만일 어떤 사람에게 존중받고 싶은 갈망을 품고 있으면 마음이 평화롭지 않을 것입니다. '남편이 나를 존중하지 않아.'라는 생각을 하면서 남들에게 존경과 사랑을 받으려고 기대한다면 시간과 에너지를 낭비하게 될 것입니다. 그 욕구는 곧 기대가 되고 기대한 것을 얻기 위해 남들에게 의지합니다. 그리고 그것이 충족되지 않으면 비참해집니다. 당신은 스스로 아무것도 하지 않으면서 다른 사람들이 당신을 위해 무언가를 해 줄 것이라 기대합니다.

그러나 당신이 기대하는 것을 충족시켜 줄 사람은 없습니다. 그것은 온전히 당신 몫입니다. 모든 문제와 갈등의 근본은 여러분 내면에 있습니다. 남들에게 무언가를 기대하는 것이 갈등을 일으킵니다. 기대하는 것이 많을수록 실망도 커집니다. 당신은 이런 자신의 부정적 감정과 생각과 성격을 자신과 동일시하고 있습니다.

아마 당신의 인생에서도 몇 번쯤은 부정적인 일이 있었을 테고 다시는 그것을 반복하지 않겠다는 다짐도 했을 것입니다. 그리고 노력했지만 당신은 여전히 그것을 계속하고 있습니다. 당신은 애초에 양심에 어긋나는 행동을 했던 것입니다. 하지 말아야 한다는 것을 알면서도, 자신의 신념과도 어긋나는 것이었음에도 불구하고 그렇게 했던 것입니다. 살면서 수없이 그렇게 해 왔고 그 결과 그것을 자신과 동일시하여 새로운 부정적인 인격을 만듭니다. 결국 "나는 나쁜 사람이야." 하면서 자신을 비난하고 "나는 의지가 약해." 하는 결론을 내립니다. 당신은 과연 자신이 개선될 수 있을지, 모든 문제와 고통과 감정의 뒤틀림과 비참함에서 벗어나 자유롭게 될 수 있을지 의구심을 갖습니다. 당신은 불행하고 무력합니다. 그래서 신에게 힘을 달라고 기도합니다. 그러나 당신이 한 일들이 양심과 윤리에 합당하지 않았기 때문에 당신은 점점 무력해집니다. 이런 심정으로 실망하고 좌절한 채 살아갑니다.

당신은 잘못이라 생각하면서도 행동을 했다는 것을 압니다. 그러나 당신이 한 행동, 행위가 잘못된 것이지 당신이란 사람이 나쁜 것은 아닙니다. 이 후회하는 마음에서 어떻게 벗어날 수 있을까요? 그건 간단합니다. 다시 그 행동을 하지 않으면 됩니다. 그러면 자유로워집니다. 마음은 편안해집니다. 그런 행동을 하지 않으면 그 행동의 결과물을 거두지 않아도 될 것입니다. 당신의 정신이 자유롭다면 육신도 자유로울 것입니다.

사람들이 자기 자신을 탓할 때 나는 "어떻게 자기 자신을 비난할 수 있습니까? 당신은 자신의 것입니까 신의 것입니까?"라고 묻습니다. 당신이 신의 것이라면 자신을 비난할 권리가 있을까요? 자기 행위를 비판할 권리는 있습니다. 행위가 당신의 것이니까요. 그러나 당신은 신의 것이기 때문에 당신에게 자신을 책망할 권한이 없습니다.

부정적인 생각은 흔히 과거의 경험과 관련되어 있습니다. 사람들은 지난 일들을 곱씹으면서 과거 행동과 자신을 동일시합니다. 그러나 이런 식으로 생각을 몰고 가면 과거에서 헤어나지 못할 것입니다. 그렇게 되면 현재의 삶도 미래의 삶도 즐기지 못할 것입니다. 이제 과거를 되씹는 습관에서 벗어나야 합니다. 자신이 나쁜 사람도 아니고 나약하지도 않고 능력이 없는 사람도 아니라고 판단해야 합니다. 참된 지식의 원천은 내면에 있습니다. 외부세계는 이미 당신의 내면에 있는 특정한 지식과 관련된 사실만 제공합니다. 지식의 원천은 당신의 내면에 있다는 것을 절대로 잊지 마세요. 여러분은 자신을 돌아보는 법을 배워야 합니다. 내면 탐색을 시작하면서 당신은 그런 능력을 갖게 될 것입니다.

자신의 마음을 완전히 이해하고 싶다면 먼저 "나는 보잘것없고 능력 없는 존재다."라는 자기 부정적인 마음을 지워야 합니다. 당신은 자신을 너무 제한적인 존재로 생각합니다. 습관적으로 자신을 인간이 지닌 최고의 본성이 아닌 한계와 나약함이라는 특성과 동일시합니다. 당신 같은 사람도 위대하고 힘 있는 정신을 가질 수 있다고는 상상도 하지 못합니다. 그러므로 자신의 많은 생각 중에서 버릴 것과 선택할 것을 분별하는 방법을 터득해서 당신을 어지럽히는 생각들을 물리칠 줄 알아야 합니다. 그렇게 하는 데에는 어려움이 있습니다. 사실 당신은 무엇이 옳고 그른지, 자신에게 무엇이 좋은지 나쁜지 알고 있습니다. 그런데 왜 하지 말아야 할 일을 하는 것일까요? 그 이유는 습관 때문입니다. 습관은 인간의 마음과 인성에 가장 강력한 영향을 미치는 힘입니다. 그러나 불행하게도 사람들은 이 힘을 인식하지 못하고 있습니다. 과거 자신의 행위와 당신 자신을 동일시하지 마세요. 그렇게 동일시하면 "내가 엊그제 그런 짓을 했어. 그러니 나는 나쁜 사람이다."라고 생각하게 됩니다. 이런 생각을 하면 발전이 없습니다. 라마크리슈나 파라마한사Ramakrishna Paramahansa께서 "자기 자신을 계속 나쁘다, 나쁘다, 나쁘다 하면 정말 나쁜 사람이 된다. 그러면 너는 절대로 성장하지 못할 것이다. 너는 네 마음과 무의식의 마음에 담고 다니는 과거 기억의 영향에서 벗어나야 한다."라고 하셨습니다.

당신이 잘못된 행동을 하면서도 그게 잘못인 줄 모른다면 용서받을 수 있습니다. 그러나 잘못인 것을 알면서도 했다면 용서받지 못할 것이고, 그 결과도 감당해야 할 것입니다. 결과는 습관패턴에 기인하지만 당신은 자신을 훈련할 수 있습니다. 서서히 조금씩 자신을 다스리게 될 것입니다. 그러니 포기하지 않고 노력하면 원하는 바를 얻을 것입니다. 만일 자신이 너무 나약하다고 생각되면 당신보다 강한 사람을 찾아가세요. 그가 도와줄 것입니다.

우리는 살면서 두 가지를 동시에 하게 되는데, 그것은 받아들이는 것과 버리는 것입니다. 걸음을 걸으면서 우리는 발을 내딛을 때마다 지나간 공간은 버리고 새로운 공간을 받아들입니다. 수영을 할 때는 앞으로 나가기 위해 물을 뒤로 밀어야 합니다. 숨을 내쉴 때 우리는 이산화탄소를 버리고 신선한 공기를 받아들입니다. 그러므로 지나간 일 때문에 자신을 나쁜 사람이라고 여기는 생각은 이제 버리세요. 남들이 말하는 부정적인 피드백은 받아들이지 마세요. 사람들이 당신을 좋지 않게 말하면 당신은 그 말을 마음에 담아 두고 이렇게 생각하게 됩니다. '그래, 맞아. 내가 나쁜 거야. 나는 좋은 사람은 아니야. 사람들이 그렇다고 했으니까 내가 나쁜 사람인 게 분명해.' 이때부터 부정적인 생각이 당신의 삶을 조종하기 시작하면서 당신의 성격에서 부정적 측면이 긍정적 측면보다 더 강화되어 갑니다. 이렇게 부정적으로 흘러가는 생각을 내버려 두었기 때문에 지금 당신은 행복하지 않습니다. 이렇게 주변 사람의 피드백을 받아들이는 것은 건전하지 못한 일입니다. 심지어 정신과 치료를 받게 될 수도 있습니다.

내가 처음 미국에 와서 며칠째 되는 날, 어떤 여성에게 내가 "참 아름답습니다." 했더니 그 여성은 "그 말을 들으니 기분이 좋네요." 했습니다. 사람들은 찬사를 들으면 흔히 이렇게 반응합니다. 이런 반응은 그들이 남의 인정과 찬사를 갈망하고 또 필요로 하고 있다는 뜻입니다. 아름답다는 말을 들으면 그 말을 받아들이는데, 그 전에는 그것을 깨닫지 못했던 것입니다. 사람들은 그렇게 남들이 계속 찬사를 보내기를 바라고 마침내 찬사에 의존하게 됩니다. 아내나 남편은 상대방이 자기를 인정해 주기를 기대하고 혹시 그런 말을 한 마디 들으면 포옹을 하고 입을 맞추며 어쩔 줄 몰라 합니다. 그러나 이렇게 남의 칭찬과 인정에 의존해서는 자신의 본모습을 다루지 못합니다. 그것은 남의 칭찬과 인정의 힘에 의존해서 사는 것입니다. 당신은 점점 나약해지고 생각이 비현실적으로 흘러갑니다.

옷차림이나 걸음걸이나 말하는 것 등 무엇을 하든 남을 위해 하지 마세요. 이웃이 한다고 해서 그것을 따라 한다면 그냥 '따라 하는 사람'이 되는 것입니다. 당신에게 매우 힘든 일이 생기면 당신은 내면의 자아와 연결되지 못하고 남들처럼 하게 될 것입니다. 자신의 가치나 판단과 믿음대로 하지 않고 남들이 가치 있다고 여기는 것을 하게 됩니다. 이렇게 되면 당신은 자신을 위해 살지 못하고 다른 사람들을 위해 부정적인 길을 살기 시작합니다. 어쩌면 이웃사람이 당신을 싫어하게 되고 그러면 당신도 그 사람을 싫어하게 될 수도 있습니다. 사람들은 인생을 그렇게 살아갑니다. 그리하여 미움, 시기, 질투가 당신 인생의 일부가 되어 버립니다. 여러분의 가장 큰 문제는 자신을 충분히 알지 못하고 이해하지 못할 뿐 아니라 자신을 받아들이지도 않는 것입니다. 그래서 타인의 도움이나 의견에 자꾸 의지하게 됩니다. 사실 대부분의 문제는 당신의 친구라고 하는 사람들이 만들어 낸 것입니다. 그들이 당신에게 병을 주면서 그것을 사랑이라고 부릅니다. 당신은 의존적이고 불안하기 때문에 계속해서 그들과 더불어 자아에 문제를 만들어 냅니다. 그러나 여러분, 세상 사람들이 당신을 인정하거나 염려하는 것에 마음 쓰지 마세요. 때로 그것은 열등감으로 작용합니다. 많은 사람들이 남들이 어떻게 생각할지 염려하면서 좋은 사람처럼 행동합니다. 그것은 좋지 않습니다. 그런 식으로 행동하는 것은 외부의 어떤 것에 종속되고 그것의 꼭두각시가 된다는 의미입니다. 여러분이 마음이 내켜서 하고 싶은 일을 하다가 실수를 한다면 그것은 바로잡을 수 있습니다. 그러나 남들이 원하기 때문에 한 일은 바로잡을 수가 없습니다. 그러므로 자신이 하고 싶다고 느끼는 것을 하고, 왜 그것이 하고 싶은지, 왜 그것을 하는 게 좋은지를 알아야 합니다. 이런 것을 알고 나면 자신에게 옳은 것이 무엇인지 알게 될 것입니다. 잘못이 아닌 것은 언제나 옳은 것입니다. 현자가 보통사람과 다른 점은, 현자는 내면이 강하고 자신의 정신과 감정에 누구도 영향을 끼치지 못하게 한다는 것입니다. 붓다는 왕관과 왕국을 버리고 고행 수도를 위해 작은 마을 라즈그라하Rajgrahi로 가면서 그것을 입증했습니다. 탁발은 우리의 에고를 낮추는 데에 도움이 됩니다. 붓다는 보시를 청하러 그 마을에 갔습니다. 그는 왕자였지만 세상에서 가장 소박한 사람이 되고자 했습니다.

그 당시 라즈그라하에는 수천 명의 승려가 있었습니다. 그들은 마을에 있는 집을 돌며 문 앞에 서서 '신의 이름을 기억하라'는 뜻의 '나라야나 한Narayana, Han'을 읊조립니다. 그러면 그 소리를 듣고 마을 사람들은 누군가 탁발을 하러 그들 집 앞에 왔다는 것을 알게 됩니다. 그러나 사실 그들 가운데 3분의 1만 승려였고, 마을 사람들은 너무 많은 사람이 탁발을 오기 때문에 걸식하는 사람들을 전부 먹여 살릴 수 없게 되었습니다. 어느 날 붓다는 평소에 동행하는 아끼는 제자 아난다Ananda와 함께 탁발을 나갔습니다. 붓다는 집 밖에서 조용히 서 있곤 했습니다. 어느 집에 도달했는데 그 집의 어머니가 몹시 화를 내며 "너는 사지가 멀쩡하고 힘도 있고 잘생긴 놈인데 왜 구걸을 하러 다니느냐?"라고 소리를 지르면서 "나는 너한테 줄 게 없다. 벌써 다른 승려들에게 음식을 다 주었기 때문에 남은 것이 없다. 나는 가난한 아낙이다. 썩 물러가라. 다른 집에나 가 봐라!" 했습니다.

붓다는 그저 미소만 지었습니다. 여인은 다시 "기다려라. 줄 게 있다." 하고 집으로 들어가더니 아기의 똥을 한 바가지 가져와서 붓다에게 내밀며 "이거나 받아라!" 하는 것이었습니다.

붓다는 여전히 미소를 지으면서 짧게 말했습니다. "어머니, 그건 당신이 가지십시오. 내게는 필요하지 않습니다."

그러나 아난다는 몹시 화가 나서 "이 여편네야, 네가 나의 주인이며 스승이신 이분을 모욕하다니 널 죽여 버리겠다." 하고 소리를 질렀습니다.

그러나 붓다는 아난다에게 이렇게 말했습니다. "그만 두어라! 이 여인은 내게 뭔가 주고 싶어 했다. 그러나 내게 필요 없는 것이라서 받지 않았다. 그런데 왜 그렇게 화를 내느냐?"

여기에는 아주 중요한 의미가 담겨 있습니다. 사람들이 그들의 분노나 부정적인 피드백을 당신에게 주려고 할 때 왜 그것을 받아들일까요? 어떤 사람이 당신에게 나쁜 사람이라고 하면 왜 그것을 받아들일까요? 여러분이 그것을 받아들이는 이유는 자기 확신이 없기 때문입니다. 여러분은 자기 자신을 받아들이지 않습니다. 여러분 내면 깊은 곳에 있는 좋은 면을 알지 못하기 때문입니다. 자신의 실제 모습을 알지 못하기 때문에 남들의 판단에 의존하는 습관이 생긴 것입니다. 그러나 여러분의 가슴 깊은 곳에 이 부정적인 의견을 받아들여서는 안 됩니다. 그것들은 당신에게 중대한 문제를 일으킬 수 있습니다.

그러면 치료를 받게 될 수도 있는데, 의사는 당신의 문제를 진단하고 당신이 행복하지 않은 이유를 말해 줄 것입니다. 그러나 여러분이 자신의 나쁜 습관을 버리지 못하고 계속한다면 괴로움을 반복해서 만들어 낼 것입니다. 당신은 자신의 나쁜 습관패턴에서 벗어나는 것을 배워야 합니다. 여러분의 마음은 여러분 스스로 만든 특정 궤도를 따라 가면서 거기서 벗어나기를 거부합니다. 능력이 뛰어난 전문가, 현자, 스승들은 변화를 위해서 각자 자기 마음에 새로운 길을 만들어야 한다고 말합니다. 당신의 마음이 새로 만든 길을 따르기 시작하면 당신의 습관패턴이 바뀔 것이고, 생각이 바뀌면 당신의 인격도 바뀔 것입니다.

여러분은 노력으로 자신을 의식적으로 제어할 수 있습니다. 인간은 그렇게 노력할 힘을 지녔고, 자신의 인격을 변화시키고 자신의 내면에 묻혀 있는 무한한 자원과 힘과 빛나는 재능을 활용할 수 있습니다. 우리가 자기 존재의 심층으로 들어가는 법을 배우기만 하면 그런 일은 아주 쉽게 할 수 있습니다. 변화하겠다고 마음먹고 부정적인 것들을 반복하지 않겠다는 결심을 하면 여러분은 자신의 인격을 바꿀 수 있습니다.

여러분이 변화될 수 없다는 생각을 받아들이면 삶에서 아무것도 할 수 없습니다. 결국 실패한 사람이 되고 말 것입니다. 창조적인 사람이 될 수 없고 발전할 수도 없을 것입니다. 그렇게 살아간다면 사는 게 무슨 소용이 있겠습니까? 그런 삶은 지루하고 짐스러울 것입니다. 그러나 여러분이 자신의 전 존재를 다루는 법을 서서히 차근차근 배운다면 정말 원하는 대로 인생은 변할 것입니다. 여러분이 자신의 가면을 바꿀 것이기 때문입니다. 비록 여러분이 착용할 가면을 선택하고 만들었다고 하더라도 그것을 바꿀 수 있고 즐거운 사람이 될 수 있을 것입니다. 그러니 자신의 삼스카라를 살피기 바랍니다. 열심히 노력한다면 자신의 행위에는 언제나 결과가 뒤따르고, 결과가 없는 행위 같은 것은 없다는 사실을 알게 될 것입니다.

행위를 하면 반응이 있습니다. 어느 누구도 이 법칙을 뒤집을 수 없습니다. 때로는 성실하게 노력했지만 아무것도 개선되지 않았다고 느낄 수도 있겠지만 실제로는 그렇지 않습니다. 개선되고 발전된 점이 눈에 띄지 않는다면 그것은 아마 여러분이 확실한 결심과 온 힘을 다해 진정으로 노력하지 않았기 때문일 것입니다.

변하겠다는 노력을 시작하는 순간 여러분은 자신의 생각과 행동에 역동적인 변화가 일어나는 것을 알게 될 것입니다.

여러분은 자신을 훈련하는 법을 배우고 이해하고 다른 방향으로 나아감으로써 자신의 삶을 일그러뜨린 사고과정에서 벗어날 수 있습니다. 그러자면 벗어나기를 진심으로 원해야 합니다. 내면의 자기변혁은 외부세계에서 배울 수 없습니다. 여러분은 '내면 여행'이라는 방법을 이해함으로써 자신을 위한 변화의 방법을 모색해야 합니다. 이 방법으로 자기 자신과 삶의 다양한 차원을 차례차례 알아감으로써 자기 자신과 삶에 대한 이해를 갖게 될 것입니다. 이런 순서로 여러분은 내면으로 들어가는 법을 배우게 될 것입니다.

먼저 여러분은 자신에 대해 알아야 하는데, 자신을 이해한다는 것은 육신이 변화와 죽음과 소멸에 종속되어 있는 반면 영혼은 그렇지 않다는 것을 안다는 의미입니다. 영혼은 불멸입니다. 우리는 자기 내면의 상태를 알고 있어야 합니다. 마음이 어떻게 작용하는지 관찰하고, 다른 사람들이 여러분과 같은 방식으로 생각하지 않는 이유를 생각해 보아야 합니다.

하루나 이틀 동안 이런 시도를 해 보기 바랍니다. 당신이 타고난 힘, 사랑이라고 부르는 위대한 힘을 사용해 보세요. 상대를 해치거나 상처를 주거나 마음을 상하게 하지 않고 당신 자신을 표현해 보기 바랍니다. 주는 것을 배우세요. 여러분은 흔히 자신의 이기적 에고를 위해 남에게 상처를 줍니다. 요가의 과학은 아힘사(*ahimsa*, 남을 해치지 않고 상처를 주지 않고 마음 상하게 하지 않는 것)의 실천을 설명할 때 사랑의 참의미를 분명히 합니다. 아힘사를 실천하기를 배우고 있다면 여러분은 매일의 삶에서 사랑을 실천하고 있는 것입니다. 사랑 실천은 이기적이지 않다는 의미입니다. 여러분은 관계를 맺고 있는 사람들에게 가지고 있는 것을 나누어 주고 싶은 마음이 하루에 몇 번이나 일어납니까? 전혀 모르는 사람에게 나누어 주려는 마음은 서서히 생길 것입니다. 아힘사는 가까운 사람들에게 먼저 실천해야 하며, 그렇게 나누는 즐거움을 알게 되면 아무 조건 없이 나누게 되는 날이 올 것입니다.

세상을 살다간 위대한 성인들은 모두 이기심이 없었고 욕망이 없었습니다. 그들은 남을 돕고 봉사하는 삶을 살았습니다. 유일한 자유의 길이 나눔을 실천하는 것이라는 사실을 알았기 때문입니다. 이것이 삶의 법칙입니다. 그러므로 여러분은 자기 자신을 다스리면서 나누려는 시도를 계속하고, 그럴 때마다 당신이 성장하고 있다는 것을 알게 될 것입니다. 결과적으로 여러분의 성장은 이기적인 모든 욕망에서 벗어나 높은 상태의 자유로움으로 이끌 것입니다. 남을 도우려는 욕구, 남을 위해 봉사하고 국가와 인류에 봉사하고자 하는 갈망은 위대한 갈망입니다. 여러분의 모든 사소한 갈망이 이 위대한 갈망에 전부 흡수될 때 당신의 삶은 성인들의 삶과 같이 되어 자신이 완전히 달라진 것을 보게 될 것입니다.

올바른 사람은 삶다운 삶을 삽니다. 건강하지 못하고 자기 자신에게도 도움이 되지 못하는 사람은 남에게도 건강과 도움을 줄 수 없습니다. 자신 때문에 괴로워하는 사람은 남을 사랑할 수도 없고 이기심 없는 행동을 할 수도 없습니다. 자기가 만든 소용돌이에 말려들고, 마음에 일어난 환영의 미혹을 통과하거나 넘어갈 수 없습니다. 일어설 수조차 없습니다. 그러나 세계의 위대한 문명에는 우리에게 본보기가 될 범상치 않은 인물들이 있었습니다. 그들은 때로 십자가에 못 박히기도 하고, 죽임을 당하거나 비난을 받고 돌팔매질을 당하기도 했는데, 자신이 아니라 남을 위해서 한 행동 때문이었습니다. 소인배들은 자기 자신과 사소한 욕망을 위해 죽지만 위대한 인물들은 인류에게 봉사하려는 갈망 때문에 죽어갔습니다. 똑같이 죽음을 맞았지만 그 두 죽음과 삶에는 엄청난 차이가 있습니다.

역사는 우리에게 심지어 가장 나쁜 사람도 성인이 될 수 있다고 말합니다. 인류 역사에는 자신을 변화시킨 많은 사람이 있습니다. 강도짓을 일삼던 인도의 성인 발미키Valmiki에게도 그런 변화가 일어났습니다. 어느 날 한 스와미가 울창한 숲길을 걷고 있었습니다. 스와미가 가진 것이라곤 물통 하나뿐이었습니다. 발미키는 그

스와미를 잡아서 물통을 빼앗고 그를 때리기 시작했습니다. 스와미가 말했습니다. "애야, 먼저 내 말 좀 들어보아라. 네가 원한다면 나를 죽여도 좋다. 그런데 왜 이런 짓을 하느냐? 너는 혹시 네 아내나 자녀들을 위해 이런 일을 한다고 생각하느냐? 어쩌다 이런 나쁜 습관을 만들었느냐? 가서 네 아내와 아이들에게 물어보아라. 네가 저지른 악행의 열매를 나누어 갖고 싶은지 물어보아라." 그러자 발미키는 집으로 가서 먼저 아내에게 그리고 아들들에게 자신의 악행의 열매를 나누어 갖겠는지 물었습니다. 아내와 아이들은 크게 웃으며 그가 나쁜 행동을 했는데 왜 그 결과를 나누어야 하느냐고 말했습니다. 발미키는 그때 진리를 알게 되었고 자신의 길을 바꾸었습니다. 이후 그는 깨달은 성인이 되었습니다.

수피 전통이나 중국, 일본의 역사를 보면 완전히 다른 사람으로 자신을 변화시킨 위인들이 많습니다. 그들이 처음부터 현자나 훌륭한 사람은 아니었지만, 사실은 몹시 나쁜 사람이었을 수도 있지만, 이 위대한 사람들은 자신의 성격과 인격을 완전히 바꿀 수 있었습니다. 심지어 살인자와 상습범도 그렇게 자신을 변화시킬 수 있습니다. 여러분의 교육과 교양과 상관없이 항상 여러분의 양심이 먼저 이렇게 묻습니다. "이 행동을 왜 하는가?" 여러분에게 옳고 그른 것을 말해 줄 사람은 필요하지 않습니다. 이미 여러분이 알고 있으니까요. 위대한 영적 지도자가 되기 전에 바오로 성인은 사울이라는 몹시 나쁜 인물이었습니다. 그는 다마스쿠스로 가는 길에 "너는 왜 이런 짓을 하는가? 왜 의로운 길로 가지 않는가?"라고 묻는 양심의 소리를 듣고 변화되었습니다. 양심의 소리에 귀를 기울일 수 있었기에 변화될 수 있었던 것입니다.

여러분에게는 두 종류의 자원이 있습니다. 순간적이고 지속적으로 변하는 외부 자원과 영원하고 불변하는 내면의 자원이 그것입니다. 외부 자원은 여러분이 외적인 것을 성취하는 데 도움을 줍니다. 그러나 오직 내적 자원만이 실질적으로 당신을 돕고 강하게 합니다. 여러분은 자신에게 필요한 모든 자원과 힘을 이미 잘 갖추고 있습니다. 그러나 여러분은 대체로 외부세계에서 도움을 구하는 습관을 만들어 왔기 때문에 내면 자원을 활용하지 않습니다. 외부에 의존하는 것은 안전하지 않습니다. 말하자면 그것은 목발에 불과합니다. 위대한 인물들은 자신의 실수를 통해 배웁니다. 여러분은 자기 자신에게 의존하고 자신이 실수한 것에서 배우려 할수록 더욱더 강해집니다. 실수를 했다면 거기에서 배움을 얻으세요. 인간이기에 실수하는 것입니다. 그러나 실수를 계속하는 것은 죄악입니다. 당신에게 해로운 영향을 준다는 사실을 알고 나면 같은 실수를 하지 않겠다고 결심할 수 있습니다. 같은 실수를 계속하는 것은 자신의 성장을 막아 버리는 것이며, 당신의 인격을 변화시키지도, 당신을 행복하게 해 주지도 않습니다. 자신이 발전할 수 없다고 판단하면서 포기하지 말기 바랍니다. 당신에게 해롭고 성장을 가로막는 행동을 다시는 반복하지 않겠다고 결심하는 순간 당신은 자유로워집니다.

여러분은 사울만큼 나쁘지 않습니다. 사울이 성인 바오로가 되었으니 여러분도 변할 수 있습니다. 여러분이 결심만 하면 자신을 변화시킬 힘과 가능성과 능력이 있다는 것을 역사가 말해 줍니다. 어떻게 결심할지, 그 결심을 어떻게 실행할지, 또 언제 결단을 내릴지를 알게 되면 자신의 인격을 바꿀 수 있습니다. 여러분은 바오로 같은 위대한 성인이 될 수 있습니다. 그것은 인격을 변화시키는 길입니다. 자신의 생각이 일어나는 과정과 내면의 상태를 잘 살피세요. 부정적인 의견은 누구의 것이든 받아들이지 마세요. 실수를 하는 것은 어쩔 수 없지만 당신은 그 실수를 어떻게 바로잡을지를 배워야 합니다. 실수를 반복하지 않아야 자유로울 수 있고, 그렇게 되면 더 이상 그것에 마음을 쓰지 않게 됩니다. 기도의 힘으로 결점과 욕망 같은 마음의 피상적인 경향을 버릴 수 있습니다. 그리고 내면 의식의 중심인 가장 깊고 가장 훌륭한 차원에 닿으려는 노력을 할 수 있습니다. 그리하여 여러분은 "오! 주님, 이 상황을 다룰 힘이 필요합니다."라고 말할 수 있습니다. 자신의 내면에 있는 자원에 의지하는 법을 배운다면 그것을 할 수 있습니다.

여러분의 인격은 바뀔 수 있습니다. 이번 생에서 여러분은 인생의 가장 높은 사다리에 오를 수 있습니다. 그것은 고통과 비탄에서 해방된 상태입니다. 여러분이 즐거운 것을 뒤로 미루지 않듯이 이 일도 미루지 말기 바랍니다. 슬픔을 벗어난 상태, 즉 깨달음은 여러분이 태어날 때 받은 권리입니다. 그것은 얻어지는 것도 새로운 것도 아닙니다. 원래부터 여러분에게 있는 것입니다. 여러분은 그 상태를 깨달을 수 있습니다. 그러므로 여러분의 성장을 방해하는 장애물을 제거하는 작업을 하세요. 습관을 바꾸게 되면 자신을 정화하고 자신의 인품을 완성하는 것입니다. 자신의 인격을 변화시키는 것, 이것이 여러분이 도전해야 할 일입니다.

제4장
긍정적 감정과 부정적 감정의 본질

내가 말을 하면서 손으로 어떤 제스처를 한다면 이런 제스처를 하게 만드는 것은 무엇일까요? 우리가 하는 몸짓은 대부분 무의식적인 것이라서 말을 할 때 몸의 어떤 부분이 무의식적으로 움직이는 것입니다. 몸은 그 자체의 언어를 가지고 있으며 우리는 그것을 '신체 언어'body language라고 합니다. 몸짓은 우리 생각에 따라 제어됩니다. 이것은 매우 중요한 점입니다. 여러분의 행동은 전부 의식적, 무의식적인 생각에 따른 결과입니다. 어떤 움직임은 우리 마음에 있는 어떤 생각이 표현되었다는 의미입니다.

우리 몸짓에는 전부 의미가 있습니다. 과식을 하면 트림을 하게 되고, 몸이 아프거나 뻣뻣하면 그것을 풀어 주는 몸짓을 하게 됩니다. 당신의 몸에 통증이 있으면 당신의 움직임을 보고 사람들이 어디 아프냐고 묻습니다. 사람들의 몸짓은 전적으로 생각에 좌우됩니다. 사실 영어의 'man'이라는 단어는 '마음'을 의미하는 산스크리트어 'mana'과 관계가 깊습니다. 우리가 인간인 자신을 완전히 알고 이해하려면 먼저 마음을 이해하는 것으로 자신을 탐구해야 합니다.

당신이 언제나 사랑받고 싶어 하는 사람이라면, 당신에게 사랑은 삶의 주인임에 틀림없습니다. 그러나 당신이 한 사람을 미워하면서 또 다른 사람을 사랑할 때 당신 마음에 어떤 일이 일어나는지 잘 관찰해 보면 이렇게 진행됩니다. 싫어하는 사람에 대한 미움은 매우 강렬한 반면 사랑하는 사람에 대한 사랑은 그 미움만큼 강렬하지 않습니다. 그것은 사실 당신이 친구보다 적敵을 더 '사랑'하는 것입니다. 왜냐하면 당신의 마음이 언제나 적에게 집중되어 있기 때문입니다. 당신은 자주 그 적을 생각하고, 끊임없이 그를 미워하고, 계속 그 사람에게 화를 내고 있습니다. 그러니까 당신의 엄청난 에너지가 당신의 증오심에 사용되고 있는 것입니다. 당신이 진정 사랑하는 사람은 누구입니까? 당신은 사랑하는 사람보다 적에게 더 많은 시간을 헌신하고 있는 것입니다.

불행하게도 인간의 삶에서 증오심은 사랑보다 더욱 깊어집니다. 여러분은 자신의 에너지가 미움이 아닌 사랑의 중심으로 향하기를 원하지만 사실 그 반대의 일이 일어나고 있는 것입니다. 그 이유는 여러분이 '올바른 생각'이라고 하는 정신적 힘과 에너지를 관리하는 법을 모르기 때문입니다. 그래서 부정적 감정이 마침내 고질적인 습관이 될 때까지 반복하고 강화됩니다.

이런 부정적인 방식으로 생각하는 것을 좋아하는 사람은 없습니다. 그러나 사람들은 사찰이나 교회에 가서조차 계속 미워하는 사람을 생각합니다. 어디를 가도, 심지어 사랑하는 사람과 침대에 누워서도 미워하는 사람을 생각합니다. 증오는 이처럼 강력한 것입니다! 여러분의 마음속에서 증오의 힘이 이토록 강력한 것은 여러분이 아직 자신의 생각으로 흐르는 에너지를 관리하는 방법을 배운 적이 없고 이 방법으로 자신을 훈련해 본 적이 없기 때문입니다.

어떤 작가가 이런 유명한 말을 했습니다. "선한 생각이 행동으로 연결되지 않는다면 그것은 배신이나 실패와 다름없다." 이는 내면의 선함을 반드시 밖으로 드러내야 한다는 뜻입니다. 그런데 '선한 생각'이란 어떤 것일까요? 선한 생각이란 우리를 창조적으로 만들고, 내면에서 갈등을 일으키지 않는 생각입니다. 선한 생각이란 우리를 평화롭고 고요하게 하며, 우리를 조화롭고 행복하고 기쁘게 해 주는 생각입니다. 이런 생각은 여러분의 내면에서 표현되지 못한 채 사라지지 않도록 해야 하고, 내면에서 휴면상태로 잠자게 해서는 안 됩니다. 이 생각은 반드시 여러분의 마음과 행동과 말로 드러내야 합니다.

그러나 생각이라는 차원 아래에는 더욱 강력한 힘이 있는데, 그것은 정신체계의 더 깊은 부분인 감정의 힘입니다. 감정은 매우 강력하기 때문에 우리가 이 감정의 힘을 잘 이용할 수 있으면 한 순간에 가장 높은 무아의 경지에 이를 수 있습니다. 그러나 이 감정의 힘을 부정적 습관과 결합시키고 뒤섞는다면 여러분은 파멸할 것입니다. 그러면 아무도 여러분을 보호해 줄 수 없습니다. 우리 내면에는 어마어마한 자원이 있는데도 여러분은 그것을 전혀 사용하지 않거나 잘못 사용합니다. 감정의 힘을 나쁜 습관 만들기에 사용하고 있는 것입니다.

예를 들어 여러분이 필요한 것을 모두 가지고 있다고 생각해 봅시다. "여보, 사랑해."라고 말해 주는 사람도 있고, "엄마, 사랑해요."라고 말하는 자녀들도 있습니다. 그런데 당신은 마음이 편안하지 않습니다. 이것은 여러분의 생각하는 방식에 문제가 있기 때문만은 아닙니다. 여러분의 사고과정 아래 생각보다 더 깊은 곳에 감정의 힘이 있기 때문입니다. 일상에서 여러분은 일터와 가정에서 친구와 가족이 있는데, 때로 당신은 "너무 감정적이다.", 즉 감정적으로 균형을 잡지 못한다는 말을 듣기도 하고 스스로 느끼기도 합니다. 이런 일은 자신의 감정을 제대로 이해하지 못하고 있거나 정리하지 못해서 일어납니다.

　감정은 긍정적으로 강해질 수도 있고 부정적으로 강해질 수도 있습니다. 가령 여러분이 운전하고 있는데, 덤불 속에서 불쌍하게 울고 있는 강아지 한 마리를 우연히 보게 되었다고 생각해 봅시다. 그 순간 당신의 긍정적인 감정과 연결되었다면 차를 멈추고 당신의 강아지는 아니지만 그 강아지를 도와줄 수도 있습니다. 이런 감정들은 우리를 창조적이고 긍정적인 행동으로 이끌 수 있습니다. 그러나 부정적 감정들은 여러분을 불행하게 하며 여러분의 삶을 파괴할 수도 있습니다. 기분이 상했거나 화가 나서 감정을 조절할 수 없을 때 하는 말은 진심이 아닐 수도 있습니다. 나중에는 후회하겠지만 그 순간 당신이 부정적인 말을 하게 만든 것은 무엇일까요? 당신은 누구에게도 상처를 줄 마음이 없었기에 사랑하는 사람에게 사과하는 것입니다. "미안해, 당신에게 상처를 주려는 건 아니었어. 사랑해."라고 진심 어린 사과를 합니다. 그러나 다음날 당신은 똑같은 행동을 반복합니다. 이는 당신이 자신의 감정을 이해하지 못하기 때문입니다. 우리는 무엇이, 어떤 요인이 자신을 그렇게 거칠게 행동하고 감정적으로 폭발하게 만드는지 찾아내야 합니다.

　일상에서 사람들은 무력감을 느끼는 경우가 자주 있습니다. 아침에 즐거운 마음으로 집을 나섰지만 출근길에 뜻하지 않은 일이 생겨서 슬퍼질 수도 있습니다. 이것이 인생입니다. 우리는 살면서 늘 많은 변화와 우여곡절을 경험합니다. 이런 갖가지 일에 대처하려면 여러분은 어떤 일에도 감정적으로 휘말리지 않고, 어떤 경우에도 남에게 상처를 주거나 피해를 주지 않겠다는 결심을 확고히 해야 합니다.

차이탄야 마하프라부Chaitanya Mahaprabhu, 라마크리슈나 파라마한사Ramakrishna Paramahansa, 성 베르나르도Bernard, 성녀 테레사Teresa와 같은 성인들은 창의적 방식으로 감정의 힘을 활용하는 법을 알았습니다. 감정의 힘을 마음의 힘보다 더 많이 사용했습니다. 이것을 '선한 마음의 길'(the path of the heart, 성심)이라고 부릅니다. 마음의 길을 따르는 것은 매우 위험합니다. 그것은 예리한 칼날과 같아서 마음으로 실수를 범한다면 당신은 무너질 것입니다. 그러나 자신의 감정을 긍정적으로 사용하는 법을 배운다면 지고의 기쁨과 행복을 얻을 수 있습니다.

차이탄야 마하프라부는 챈팅(chanting, 찬송)으로 감정의 힘과 직접 접속했습니다. 감정을 표현하는 방법으로 사람들은 울기도 하는데, 이때는 괴롭고 고통스러운 마음이 됩니다. 그러나 챈팅을 하면 즐거워집니다. 감정을 부정적으로 사용한다는 것은 눈물과 비탄의 길을 선택한 것입니다. 그러나 창조적으로 사용한다는 것은 챈팅을 하거나 노래를 부르거나 시를 암송하거나 춤을 추는 것입니다. 이 둘은 결국 같은 감정의 힘입니다.

가장 오래된 경전 해설서인 지혜서 우파니샤드Upanishads는 "인간이여, 그대가 자기 내면의 힘을 깨닫는다면 그대가 곧 신이라는 것을 알게 될 것이다. 자신이 누군지 아직 모른다면 그대는 짐승이고, 조금 안다면 인간이다."라고 했습니다.

여러분은 모두 이 세 가지 특질인 신성, 인간성, 동물적 특성을 내면에 지니고 있습니다. 동물적 특성이 발동하면 사람들은 아내나 남편, 아이들, 친구를 생각하지 않습니다. 야수처럼 난폭해져서 책임감이나 타인과의 관계를 전부 잊어버리는 것입니다. 책임감을 잊으면 자신의 내면상태와 닿을 수 없습니다.

이렇게 된다고 해서 당신이 나쁜 사람이라든가 내면이 추한 것이 아니라, 아직 그 거대한 감정적 힘을 정리하고 관리하고 이끄는 법을 배우지 못한 것입니다. 이것을 배운 사람은 사마디samadhi를 얻기 위해 오랜 세월 집중적으로 수행해 온 요기들이 성취한 것과 같은 수준의 황홀경에 곧 다다를 수 있습니다. 우리가 자신의 감정이 어떻게 전달되는지를 안다면 그리고 마음과 생각이 만들어 낸 망상의 수렁을 넘어서는 방법을 배웠다면 황홀경을 얻는 과정은 같습니다. 이것은 감정의 근원을 이해할 때 비로소 가능합니다.

그러자면 먼저 부정적인 감정들을 이해해야 하는데, 그 실체가 무엇인지 그리고 어디에서 일어나는지 알아야 합니다. 고대의 현자賢者들이 기록한 경전에는 부정적 감정들을 분석하고 그것을 분류해 놓은 내용이 있습니다. 그 첫째는 모든 욕망의 모태인 카마 *kama*라고 합니다. 카마는 욕망의 근원입니다. 여기에서 다른 모든 욕망이 일어납니다. 카마는 감각을 만족시키거나 충족시키려는 욕망을 일으키기도 하고, 이타적으로 사람들을 도우려는 욕망도 일으킵니다. 카마는 우리가 무슨 일이든 하고자 하는 동기를 부여합니다. 그런데 이것은 눈먼 욕망입니다. 분별하고 판단하고 이해하는 의식이 없습니다. 단지 인간의 욕망을 충족시키는 무언가를 하도록 자극할 뿐입니다. 존재하는 이유가 그것뿐입니다.

카마가 충족되지 않으면 사람들은 화를 내고 좌절합니다. 이것이 분노의 감정인 크로다*krodha*입니다. 분노가 치밀면 사람들은 맹목적이 됩니다. 이런 사람을 개와 비교한다면 개조차도 그렇게 본성을 잃는 일은 없다는 것을 알 수 있습니다. 분노할 때, 욕망이 채워지지 않았을 때 아내나 아이들, 사랑하는 사람에게도 상처를 줄 수 있습니다.

채워지지 않은 욕망은 분노가 됩니다. 분노는 당신이 갈망하는 어떤 것이 채워지지 않았기 때문에 일어나며, 이런 식으로 하루에도 수천 번 화를 내게 됩니다. 갈망은 기대를 낳고, 기대는 매우 강렬해서 지속적인 분노를 일으키게 됩니다. 분노를 분출하면 신경계에 손상이 옵니다. 화가 나면 사람들은 온몸을 떨면서 안정을 잃어서 평온한 마음상태를 유지할 수 없습니다. 정확하고 완벽하게 정의하자면 분노는 채워지지 않은 욕구, 즉 조절하고 가라앉히고 납득하지 못하는 욕망에서 비롯된 감정입니다. 그러므로 화를 낸다는 것은 우리 내면에 이해되고 해결되어야 할 어떤 욕망이 있다는 것을 의미합니다.

그러나 욕망이 이루어지고 카마가 채워지면 이제 자만심, 즉 무다 muda가 생깁니다. 사람들은 이때 '나는 욕망을 이루었다!'라고 생각합니다. 이것은 자만심에 도취한 것입니다. 인간이 자만심에 빠지게 되면 생각이 흐려지고 함부로 행동하게 됩니다. 다시 말해서 욕망이 충족되면 자만심이 강해지고, 욕망이 충족되지 않으면 분노하게 됩니다.

이렇기 때문에 자신을 잘 관찰하려면 주의 깊게 살펴야 합니다. 욕망이 충족되었을 때는 그것이 자만심을 키우지는 않는지 살펴야 하고, 만일 욕망이 충족되지 않았다면 화가 일어나고 있는지 살펴야 합니다. 여러분은 이 두 가지 반응에 대해 세심하게 자신을 살펴보아야 합니다.

이제 부정적 감정 분석의 다음 단계입니다. 욕망이 충족되어 원하는 것을 얻게 되면 사람들은 그것에 집착하기 시작합니다. 이 집착을 모하 moha라고 하는데 "이건 내 꺼야!"라는 의식입니다. 사람들은 무언가를 갖게 되면 그것에 집착하면서 계속 가지고 있으려고 합니다. 갖고 있다는 느낌을 계속 느끼고 싶어 하고 그것을 잃을까 봐 두려워합니다. 그러나 여기에 삶의 아이러니가 있습니다. 당신이 "이건 내 꺼야."라고 말할 때 그 대상은 실제로 당신 것이 아니고, "이건 내 것이 아니야."라고 주장할 때 사실 그것은 당신 것입니다. 이 진실을 여러분은 살면서 끊임없이 보게 될 것입니다. "내 몸은 내 것이다."라고 말하지만 육신을 죽음과 소멸에서 지킬 수 없습니다. 사람들은 평생 동안 이런 어리석은 주장을 합니다. 이렇게 어리석은 주장을 하면서 사는 이유는 그 주장에 집착하기 때문입니다. 때로는 자신의 성취나 성공을 이루어 자만에 빠지기도 하고, 때로는 자신의 욕망의 세계에서 중요한 어떤 욕구가 채워지지 않아서 감정적 불안에 빠집니다.

다음 단계는 탐욕, 즉 로브하lobha입니다. 사람들이 무언가에 집착해 있으면 탐욕스러워집니다. 욕망이 충족되어 무언가를 갖게 되면 자신을 남들과 비교하면서 이렇게 생각합니다. '나는 이것을 가졌는데 당신은 갖지 못했어. 이걸 가져서 나는 자랑스러워! 내가 가졌으니까 내 것이야. 당신 것이 아니라고.' 이것이 로브하 또는 탐욕입니다. 로브하는 이런 마음을 갖게 합니다. "이건 내 것이고 난 당신과 이걸 나누고 싶지 않아." "이건 내 집이야. 내 집에는 방이 열두 개고, 아이는 하나뿐이라서 빈 방이 대부분이지만 나는 당신이 내 집에 들어와 살게 하지 않을 거야. 내 집이니까." 이것이 탐욕입니다. 이로 인해 당신은 사람들과 멀어질 것입니다.

그런데 탐욕스런 마음은 어떻게 해도 만족을 모릅니다. 어떤 것에 일단 집착하게 되면 아무리 많이 가져도 충분하지 않습니다. 탐욕의 불꽃은 무섭습니다. 너무나 강렬해서 그 파괴력은 상상조차 할 수 없고 육신을 병들게 할 수도 있습니다. 탐욕스런 마음과 갈망하는 마음으로 인한 신체적 질병이 실제로 있습니다. 이런 감정들은 우리를 강박적 집착에 빠지게 할 수도 있습니다.

탐욕스러워지면 사람들은 남을 질투하면서 불안감에 사로잡힙니다. 자기 집을 다른 사람의 집과 비교하면서 시기심이 일어납니다. '저 사람 집이 더 좋다고? 천만에. 내 집이 훨씬 좋아.'라고 생각합니다. 자기 자신을 다른 사람과 비교하면서 자만심으로 가득 찹니다. 이렇게 살면서 자신의 에고를 자꾸 키웁니다. 그러나 반대로 자기 집이 더 좋다고 생각되지 않으면 자기 자신을 부족한 사람으로 여기고 의기소침해집니다.

이렇게 계속 타인과 자신을 비교합니다. 사람들이 자신이 갖지 못했다고 느끼며 그토록 불안해하고 걱정하는 '아름다움'이란 것은 무엇일까요? 당신은 신의 섭리로 창조된 단 하나뿐인 유일한 존재입니다. 세상에는 완벽하게 일치하는 것이나 똑같이 복제된 생명체는 없으므로 모든 것이 유일합니다. 그러니 누가 아름답고 누가 못생겼다고 할 수 있겠습니까? 모두가 아름답습니다. 어떤 것은 아름답고 이 아름다운 것과 다르면 추하다는 생각은 당신이 현실에 덧씌워 가지고 있는 개념입니다. 당신의 생각 안에서만 일어나는 것입니다. 당신은 "이것은 좋고 저것은 나쁘다."라고 판단하지만 그것은 우리 마음으로, 생각으로, 빈곤한 삶의 철학으로 덧씌운 개념들에 불과합니다.

여섯째 주요 감정흐름은 아함카라ahamkara입니다. 이것은 '나'에 대한 의식으로, 여러분이 끊임없이 아끼고 존중하고 찬미하는 에고ego라는 마음의 기능입니다. 타인이 아닌 자기 자신을 의미할 때 사용하는 이 작은 '나'는 당신 삶의 중심이 됩니다. 일상에서 우리가 계속해서 사용하는 이 낱말은 우리 인식의 중심이 됩니다. 우리는 "내가 이것을 하고 있다. 나는 저것을 하지 않는다. 나는 그것을 하고 싶지 않다."라는 말을 합니다. 이것이 모두 아함카라가 하는 일입니다. 여러분은 요새를 쌓습니다. 자신의 에고에 장벽을 쌓아 놓고는 최상의 실재(신)를 알기 위해 빠져나와야 할 그 에고의 장벽을 허무는 방법을 알지 못합니다. 자기 자신과 아함카라를 보호하려고 다양한 온갖 방어기제를 사용합니다.

여러분은 아함카라가 당신을 위해 무슨 일을 하는지 알아야 합니다. '나'라는 의식은 우리를 이 땅에서 살아가게 하고 각자 고유한 개별성을 갖도록 자극합니다. 아함카라로 인해서 당신은 개별자가 됩니다. 그러나 아함카라는 당신을 전체에서 떼어 놓기도 합니다. 서로 사랑하는 아내와 남편이 아함카라를 넘어서 정점에서 만나게 될 때 그것은 진정한 기쁨이 되지만, 아함카라 자체가 기쁨을 주지는 않습니다. 아함카라는 당신의 개성을 만들어 갈 것입니다. 당신을 하나의 개별적 존재로 만들 수는 있지만 기쁨을 주지는 않습니다. 아함카라를 완전히 잊었을 때, 아함카라로 제한을 받지 않게 되었을 때 비로소 기쁨을 얻을 수 있습니다. 그런데 '나'라는 의식 없이 어떻게 살아갈 수 있을까요? 그것은 불가능하므로 우리는 자신의 아함카라를 '닦아 빛내는' 것이 좋습니다. 구두를 닦아 반짝반짝 빛나게 하고, 낡아서 신지 못할 때까지 사용하듯이, 당신의 아함카라, 즉 에고를 닦아 빛나게 해야 합니다.

여러분의 모든 기도와 모든 사랑, 배려와 관심, 우정 등 우리가 살면서 가장 중요하게 여기며 실천하는 것은 모두 아함카라의 작용입니다. 남편을 사랑한다고 생각하고, 아내를 사랑한다고 생각하지만 사실은 각자 자신의 아함카라를 사랑하는 것입니다. 그렇기 때문에 다른 사람을 사랑하게 되는 것입니다. 산스크리트 잠언에 있는 훌륭한 내용을 번역해 보면 이렇습니다. "당신은 왜 아내를 사랑하고 자녀를 사랑하고 다른 사람들을 사랑합니까? 당신 자신을 위해서입니다. 당신 자신이 존재하지 않았더라면 어떻게 누군가를 사랑할 수 있겠습니까?" 만일 당신이 타인을 사랑하는 것이 오로지 그들의 아트만(atman, 순수 의식)을 위한 것이라면 그것은 참 훌륭한 것입니다. 그러나 사람들은 일반적으로 자신의 아함카라를 위해서 타인을 사랑할 뿐입니다.

당신이 하는 일은 거의 대부분 그 행위만을 위해 하는 것이 아닙니다. 당신은 누군가를 진실하게 사랑하지 않으며, 진정으로 기도하지도 않고, 선한 일을 진심으로 하는 것이 아닙니다. 그것은 당신의 아함카라가 드러나는 것입니다. 부자의 아함카라는 기부 행위를 함으로써 자신의 관대함을 자랑스럽게 느끼는 것입니다. 이 부자는 사실 남에게 한 푼도 주고 싶지 않습니다. 그는 탐욕스럽지만 자신의 아함카라를 충족시키는 행위를 더 하고 싶어 합니다. 사람들은 모두 자신의 아함카라를 만족시키고 싶어 합니다. 아함카라는 인간이 자신을 위해 만들어 놓은 막강한 요새입니다. 이 요새는 당신을 가두고 다른 사람들은 밖으로 쫓아냅니다. 그러나 우리는 자신의 에고를 빛나게 닦아서 아함카라를 전부 써버릴 수 있습니다.

다시 정리하자면, 주류가 되는 여섯 가지 감정은 욕망(카마), 분노(크로다), 자만(무다), 집착(모하), 탐욕(로브하) 그리고 '나'라는 의식(아함카라)입니다. 이 가운데 주된 것은 카마와 아함카라인데, 카마는 가장 원천적인 욕망이고 아함카라는 우리가 "나는 이렇다. 이건 내 것이다. 저건 내 것이 아니다. 이건 내 것이고 저건 당신 것이다."라는 생각을 하게 하는 '나'라는 의식입니다.

이 여섯 가지 감정의 흐름은 어디에서 오는 것일까요? 여러분이 지닌 신성에서 나오는 것이 아니므로 다른 어디에선가 시작되어 흐르는 것이 분명합니다. 이것은 아주 중요한 주제입니다. 이들 흐름은 네 가지 원천에서 시작됩니다. 이 내용을 잘 공부한다면 삶의 모든 분야에 도움이 될 것입니다. 이 네 가지 원천은 모든 감정의 근원입니다.

이 네 가지는 무엇일까요? 그것은 음식, 성性, 수면, 자기보존입니다. 모든 인간과 피조물은 이 네 가지에 대한 욕구를 가지고 있습니다. 이 욕구는 사람과 동물 사이에서도 큰 차이가 없습니다. 개를 당신 앞에 앉히고 살펴보면 사실 어떤 점에서는 당신이 열등하다는 것을 알게 될 것입니다. 과자를 먹지 말라고 훈련받은 개라면 자기 앞에 놓인 과자를 먹지 않습니다. 하지만 인간인 당신은 그런 자기제어가 되지 않아서 먹고 싶으면 아무 때나 먹습니다.

만일 당신이 건강에 해롭거나 불량한 음식을 먹는다면 어떻게 건전하고 긍정적인 감정을 가질 수 있겠습니까? 만일 인스턴트식품이나 패스트푸드 같은 '정크푸드'를 먹는다면 소화불량이 되고 여러분의 몸에 여러 가지 나쁜 영향을 주게 됩니다. 그러면 창조적이고 긍정적인 감정을 어떻게 기대할 수 있겠습니까? 이것은 채식주의와 비채식주의를 비교하자는 이야기가 아닙니다. 채식주의

자로 살 필요는 없습니다. 그러나 우리가 창조적 감정에 대해 논한다면 우리는 이런 점을 알아야 합니다. 우리가 고기 한 점을 땅에 던져 놓는다고 거기에서 고기가 자라지는 않습니다. 단지 세균과 박테리아의 먹이가 될 뿐이며, 생명력 없이 사라지고 맙니다. 하지만 곡물이나 씨앗을 땅에 던져 놓으면 그것은 싹을 틔우고 마침내 다시 곡식으로 성장합니다. 이렇듯 음식에는 질적인 차이가 있으므로 여러분은 이 점을 명심해야 합니다.

영양이 불균형한 음식을 섭취하면 감정적으로 많은 문제를 일으킬 수 있고 삶에 대단히 부정적인 영향을 끼치는 것과 마찬가지로, 성性도 우리의 감정적 불균형에 일부 작용합니다. 성의 역할을 제대로 이해하지 못하면 이로 인해 여러분의 인생에 엄청난 일이 일어날 수도 있습니다. 나는 대부분의 사람들이 성적 욕구에 어느 정도 지배를 받는다는 것을 알게 되었습니다. 음식에 대한 욕구와 성에 대한 욕구의 관계를 이해할 필요가 있습니다. 건강을 유지하기 위해 우리는 음식을 먹어야 합니다. 그런데 며칠 간 음식을 섭취하지 않으면 성적 욕구를 느끼지 않게 됩니다. 이는 음식 자체가 성적 욕구에 영향을 미친다는 의미입니다. 음식은 우리 몸에 직접적인 영향을 줍니다. 몸에 필요하기 때문에 음식을 먹고자 하는 욕구가 일어나는 것이며, 이것이 가장 중요한 이유입니다.

그러나 성은 그렇게 작용하지 않습니다. 성적 욕구는 먼저 마음에서 일어나는 것이므로, 만일 마음이 욕망을 느끼지 않는다면 신체로 그 경험을 할 수 없습니다. 어떤 사람에게 육체적 매력을 느낄 때 "당신을 좋아해요."라고 말하는데, 이것은 마음에서 성적 욕구가 일어난 다음에 그 욕구를 몸(말)으로 표현하는 것입니다. 그렇지만 음식에 대한 욕구는 몸에서 먼저 일어나고 그 다음에 마음에 영향을 미칩니다.

다음은 수면 욕구입니다. 먹고 싶은 것을 먹을 수 있고, 원할 때 성을 즐길 수 있다 해도, 잠을 못 자게 한다면 여러분은 제정신을 차릴 수 없거나 미치거나 어쩌면 살 수 없을지도 모릅니다. 그러므로 수면 과정도 잘 이해해야 합니다. 수면에는 많은 단계와 수준이 있습니다. 우리가 거실에서 주방으로 갔다가 주방에서 침실로 가는 것과 같이 우리는 여러 단계를 거쳐 수면에 들게 됩니다.

수면 과정의 한 단계는 꿈을 꾸는 상태입니다. 잠을 자면서 우리는 희미한 기억과 왜곡된 기억들을 만나게 되는데, 이런 것들이 꿈입니다. 꿈을 꾸는 것이 치유효과가 있다고 사람들은 믿지만, 요기들에게는 그런 효과가 없습니다. 꿈으로 인해 잠잘 수 있는 짧은 시간을 빼앗기므로 요기들은 잠을 침범하는 꿈을 허용하지 않습니다. 꿈은 보통 사람에겐 필수적인 것이지만, 마음속에 아무것도 없는 상태에서 오는 깊은 수면이 있습니다. 명상을 통해 이런 수면에 도달할 수 있고, 의도적인 휴식을 취할 수 있는 명상법을 배운다면 그렇게 오래 잠잘 필요도 없을 것입니다.

과학이 밝혀낸 사실에 따르면, 실제로 어느 누구도 세 시간 이상 깊은 수면을 유지할 수 없다고 합니다. 일반적으로 우리의 수면 시간은 여덟 시간입니다. 밤이 되면 어둠이 찾아오고 사람들은 잠자리에 듭니다. 그러나 잠을 자다가 깨면 "아직 알람이 울리지 않았어. 그러니 다시 자야겠다." 하고, 다시 눈을 뜨면 "아직 아무도 나를 깨우지 않았으니까 좀 더 자야지."라고 생각합니다. 이런 이유를 대면서 계속 침대에서 엎치락뒤치락합니다. 나쁜 수면 습관을 만들고 있는 것입니다.

네 번째 원초적 욕구는 자기보존입니다. 이것은 인간이 자기 자신을 지키고 보호하려는 욕구입니다. 사람들은 죽음을 두려워합니다. 죽을까 봐 걱정하고, 누가 자기를 해칠까 봐 근심하면서 혹시 다치면 누가 자신을 돌볼지를 염려합니다. 이런 부정적 생각 패턴 때문에 두려움에 사로잡혀 부정적인 생각에서는 챔피언이 됩니다. 이것이 자기보존 욕구의 결과입니다.

육신은 변화와 죽음과 소멸을 면할 수 없지만 영혼은 불멸하는 것입니다. 세상의 모든 위대한 문명이 받아들인 사실입니다. 이것이 진실이라면 무엇을 두려워합니까? 우리가 육신은 소멸하고 영혼은 불멸이라는 사실을 이해했는데 두려워할 게 무엇입니까? 두려움은 육신과 영혼 사이에 있는 마음에 있습니다. 여러분이 자기 자신에게 의지하고, 신에게 이 개별자아를 의탁하기를 배우면 여러분은 자유로워집니다. 세상에서 제일 행복한 사람은 두려움이 없는 사람입니다. 두려움이 없는 사람은 내면적으로나 외부적으로 갈등이 없는 사람이며, 갈등이 없는 사람은 균형을 이룬 사람입니다.

음식, 성, 수면, 자기보존에 대한 욕구 네 가지는 모든 감정을 일으키는 근원입니다. 그렇기 때문에 이들 욕구를 슬기롭게 조절하고 다스리는 법을 배우는 것은 영적 여정을 향한 중요한 단계입니다. 자신의 감정을 살필 때에는 체계적으로 접근해야 합니다. 먼저, 당신이 감정적이 되는 이유를 찾아야 합니다. 감정의 원인은 당신의 깊은 내면에서 오는 것이 아니고 외부 상황에 대한 당신의 반작용입니다. 어떤 일이 일어나면 당신은 감정적이 되어 화를 내거나 슬퍼집니다. 외부세계에 어떤 상황이 벌어지고 당신이 거기에 반응하면 그 반응이 당신을 감정적으로 만듭니다. 당신이 외부 상황과 당신의 관계를 아직 제대로 정리하지 못했거나 이해하지 못했기 때문에 감정적이 되는 것입니다.

당신은 집안에서 일어난 문제나 갈등을 다루지 못할 때 스와미 또는 요기에게 가서 배우거나 자파(*japa*, 반복적인 만트라 암송)를 시작하기도 할 것입니다. 감정적 문제를 피하는 것은 도움이 되지 않습니다. 갈등이나 문제를 해결하는 대신 밖에서 답을 찾으려고 한다면 당연히 실패할 것입니다. 그러나 당신의 감정에 주의를 기울인다면, 삶의 기복을 극복하는 법을 배운다면, 그러면서도 안정을 유지할 수 있다면 당신은 그런 갈등으로 괴로워하지 않을 것입니다. 어떤 질병은 당신이 아직 인지하지 못하는 또는 의학적으로 그 원인을 알지 못하는 그런 부정적인 감정 때문에 생깁니다.

그러므로 감정이 생겨나는 곳, 감정의 시작부분을 알아야 합니다. 여러분은 아내에게 좋은 남편으로 기분 좋게 대하고 이해심을 가지고 사랑해야 한다는 것을 알고 있을 것입니다. 그런데도 이따금 감정적으로 돌변해서, 그럴 생각이 아니었는데도 소리를 지르거나 폭력을 행사합니다. 이런 행동을 계속한다면 당신은 병든 것입니다. 병이 들었다면 치유해야 합니다. 치유란 정상적이고 안정적인 상태가 되도록 배우는 과정으로, 당신에게는 일종의 치유적 분별이 필요한 것입니다.

정상이 되는 방법을 묻는다면 당신이 알아야 할 중요한 점이 몇 가지 있습니다. 이런 점들을 자신에게 적용한다면 큰 도움이 되어서 현재 치료를 받고 있다면 아마 의사는 당신이 많이 좋아진 것을 보며 깜짝 놀랄 것입니다. 의사와 교사들은 학생과 제자들에게 이 네 가지 중요한 근원, 즉 음식, 성, 수면, 자기보존에 대한 욕구를 다스리는 방법을 가르쳐야 합니다. 이 네 가지 욕구가 모든 문제의 원인입니다.

많은 문제가 음식 섭취와 음식에 대한 욕구를 조절하는 방법에서 생깁니다. 영양이 불균형한 음식이나 건강에 좋지 않은 음식을 섭취하면 곧 감정적으로 불안정해지는데, 그것은 몸에 필요한 영양소를 섭취하지 않았기 때문입니다. 그러므로 우리는 감정적 질병을 분석하고 그것과 음식의 관계를 알아낼 수 있습니다. 우리 몸에 적절한 영양을 공급하지 않으면 몸이 그것을 요구할 것입니다. 당뇨병으로 고생하는 사람들은 삶에 즐거움이라고는 없이 매우 고통스럽게 지냅니다. 몸에 해로운 식사를 하는 것은 나쁜 습관이며, 이미 길들여진 입맛 때문입니다.

우리는 보통 입맛에 따라 음식을 취합니다. 날것 그대로인 음식을 먹거나 좋아하는 사람은 별로 없습니다. 우리는 당연히 익히거나 구워서 먹어야 합니다. 그러나 아무 영양도 없는 양념이나 조미료를 넣지 않으면 그 음식을 먹지 않으려고 합니다. 이렇게 우리는 건강하지 못한 어떤 음식과 식습관에 길들여집니다. 이것은 우리 문화의 영향입니다. 우리는 건강에 좋은 음식을 먹지 않습니다. 몸에 필요하고 몸이 요구하는 그런 음식을 섭취하지 않습니다. 그 대신 정크푸드로 몸을 살찌우고 이로 인해 많은 문제가 일어납니다.

무엇을 먹든지 올바른 식단으로 몸에 영양을 공급해야 합니다. 과체중이 된 것은 너무 많이 먹었다는 의미입니다. 그런데 왜 과식을 했을까요? 몸에 적절한 영양을 공급하지 않고 있기 때문에 이런 일이 자주 일어납니다. 무언가 결핍되어 있기 때문에 몸이 음식을 요구하는 것이고 그래서 체중이 늘어납니다. 체중을 줄이고 싶은 사람은 몸에 적절한 영양을 제공하기만 하면 더 이상 체중을 줄이려고 애쓸 필요가 없어진다는 사실을 알게 될 것입니다. 체중은 몸에 따르게 될 것입니다. 적절한 식단으로 음식을 섭취하지 않기 때문에 체중이 늘어납니다. 그러므로 몸의 성질과 식습관을 이해해야 합니다. 규칙적으로 식사를 하고 아이들에게도 그렇게 하도록 가르쳐야 합니다. 규칙적으로 같은 시간에 식사를 하고, 안정적인 분위기에서 음식을 잘 씹어 먹는다면 소화기능에 도움이 될 것입니다.

부적절하게 드러내는 욕구는 스트레스를 일으킬 것입니다. 배가 고프지 않은데도 억지로 음식을 먹는다는 것은 과식을 하는 것이며 이것 때문에 스트레스가 생깁니다. 성의 목적을 이해하지 못하고, 긴장을 해소하거나 에고를 충족시키려고 성관계를 갖는다면 이것은 바른 마음가짐을 갖지 못한 채 어떤 일을 한 것이므로 당신에게 스트레스를 유발할 것입니다. 올바른 마음가짐을 갖추지 않고 음식을 취하거나 성관계를 하는 것은 만족감을 주지 못할 것이고, 진정한 기쁨도 느끼지 못할 것입니다.

많은 사람들이 성적 욕구의 본질과 성관계의 목적을 이해하지 못하거나, 영성의 길에 장애가 되지 않도록 성을 다루는 방법을 알지 못합니다. 음식을 섭취하는 이유, 잠을 자는 이유, 자신의 안전에 두려움을 느끼는 이유 등이 있듯이, 성행위에도 이유가 있습니다. 영성의 길에서 성장하려면 이들 욕구와 그 이유, 그것을 충족시키는 방법을 알 필요가 있습니다.

건강에 좋은 음식, 즉 신선하고 영양가 높고 균형 잡힌 음식을 섭취하는 것을 배워야 하듯이 성 충동을 잘 다루도록 배워야 합니다. 이것은 부모나 학교가 가르치지 않습니다. 고대의 리쉬(rishi, 현자)들은 사람들에게 이것을 가르쳤고, 영적 삶에서 성이 어떤 의미를 갖는지 이해하도록 일종의 훈련기술을 전수했습니다. 이러한 이해가 없이 세상 사람들은 늘 성을 생각하지만, 그것을 다루는 방법을 모르고 있습니다. 많은 사람들이 음식과 성에서 똑같이 균형을 잃은 상태입니다.

성적 욕구는 몸에서 시작되지 않습니다. 성욕은 마음에서 시작됩니다. 음식은 먼저 몸에 필요하고 그 다음에 마음에서 욕구가 일어납니다. 성은 먼저 마음이 요구하고 그 다음에 몸을 통해 표현됩니다. 성적 충동으로 과도하게 성에 집착하는 사람들은 정신적, 감정적 차원에서 문제가 있는 것입니다. 습관패턴이 잘못되었거나 에고에 문제가 있습니다. 이런 문제는 정신분석으로 알 수 있습니다. 음식과 나머지 세 가지 원초적 욕망을 조절할 수 있다면 당신은 자신의 치유자가 될 수 있습니다. 당신은 내면의 치유자에게서 배울 수 있을 것이며, 자신을 단련하고 올바른 때에 행동하는 것을 배울 수 있습니다.

사랑하는 배우자나 연인이 있으면 다른 연인을 찾지 않습니다. 이것은 성욕을 조절한다는 의미이기도 합니다. 여러분은 또한 행위의 시간적 측면, 즉 그 행위를 하는 때를 조절해야 합니다. 집에 돌아오자마자 서둘러 성행위를 하지 말고, 관계를 위해 자신을 준비시키는 시간을 가져야 한다는 것을 알아야 합니다. 여성은 남편이나 연인이 원하는 것을 할 마음의 준비가 안 되었을 수도 있습니다. 성적 욕망은 몸에서 시작되는 것이 아니라 마음에서 시작되어 몸을 통해 표현되기 때문입니다. 성욕은 스태미나나 힘과는 아무 상관이 없습니다. 감정과 관련이 되고 감정을 전달하고 표현하는 방법과 관련이 있습니다. 그러므로 먼저 배우자나 연인의 마음을 살펴야 하며, 그래야만 기대하는 관계에 실망하지 않을 것입니다.

성관계는 즐거움을 느끼기 위한 것입니다. 그러나 그 이상의 목적을 알아야 합니다. 이것을 인도에서는 흔히 페르시아어 '샤디'*shadi*로 표현하는데, '행복' 또는 '결혼'이란 뜻입니다. 인도 사람들은 결혼할 때 배우자 될 사람이 반지를 주는데, 여기에는 상징성이 있습니다. 한 조각 금속의 양끝을 이어 붙이면 완전한 원형, 즉 반지가 됩니다. 삶이 끝날 때까지 하나가 되는 것이 결혼의 목적이며 그것이 완성이고 행복입니다.

그런데 인간은 왜 그토록 성적 욕구와 행위에 몰두하고 그것만 생각할까요? 한 가지 이유는 인생에 두 가지 즐거움이 있기 때문입니다. 하나는 위샤야 아난다 *vishaya ananda*라고 하는데, 이것은 성관계에서 얻는 즐거움 같은 것입니다. 이런 즐거움은 오래가지 않습니다. 사람들은 이 즐거움이 오래 지속되기를 원합니다. 단지 5분간의 즐거움이 지나고 이어지는 슬픔을 원하지는 않습니다. 그러나 현실은 그렇습니다.

여러분이 즐기는 어떤 것도, 기쁨을 주는 어떤 것도 오래가지 않습니다. 이런 즐거움은 덧없는 것입니다. 당신에게 기쁨이나 즐거움을 주는 대상, 여러분이 살고 활동할 이유가 되는 대상, 이런 대상은 변합니다. 세상에 변하지 않는 것은 없고, 변화하고 죽고 소멸하는 과정을 겪지 않는 것은 없습니다. 그러므로 그런 대상이 당신에게 영원한 즐거움을 줄 수 없습니다. 그런 것에 기대를 걸어서는 안 됩니다.

성적 욕구를 느끼게 하는 대상과 맺은 관계도 변합니다. 성적 기쁨에 취하는 차원에만 머물고 인간 내면의 깊은 곳에 있는 어떤 것을 이해하지 못하면, 즉 더 깊은 차원의 삶을 이해하지 못하고, 육체를 넘어선 교감을 하지 못하면 문제가 생길 것입니다. 그런 관계는 오래 지속되지 못합니다. 왜냐하면 인간은 영원히 지속되는 참기쁨과 행복을 추구하는 존재이기 때문입니다.

우리가 이런 영원한 행복을 얻는 방법을 모르는 이유는 세상의 즐거움을 찾고 경험할 때, 기쁨의 원천을 여기서 찾고 다시 다른 곳에서 찾아서 즐기고, 한 대상에서 다른 대상으로 옮겨 다니며 즐기지만 결국 실망하고 말기 때문입니다. 그러면 이제 내면으로 향하게 되고, 삶의 의미를 이해하려고 추구하는데, 이때 외부세계의 덧없는 대상에서 기쁨과 영원한 행복을 얻는 것이 불가능하다는 것을 깨닫게 됩니다. 그런 덧없는 대상들을 넘어서야만 내면의식의 중심에 있는 기쁨을 찾아낼 것입니다.

여러분은 수면 욕구도 다스릴 필요가 있습니다. 어느 날 아침 일어나 보면 푹 자지 못한 것을 자각하게 되는데, 피곤이 가시지 않고 몸이 무겁기만 합니다. 충분한 휴식을 취한 날에는 그렇지 않습니다. 이따금 의식하지 못하는 괴로움이나 생각, 두려움으로 수면시간이 줄거나 수면을 방해받기도 하는데, 다음날에 피곤함을 느낍니다. 잘 자고 일어난 날은 그렇지 않습니다. 그러므로 잠자기 전에 몸을 편안히 하고 호흡수련을 하면 충분한 휴식을 취하는 데 좋을 것입니다.

요기들이 잠을 자지 않고 어떻게 살 수 있는지 궁금할 것입니다. 그건 마술이 아닙니다. 요기들은 항상 편안한 상태로 쉬고 있기 때문에 휴식이 필요하지 않은 것입니다. 여러분은 신체적으로

나 정신적으로 계속 바쁘게 활동하고 있기 때문에 휴식을 해야 합니다. 그러나 명상과 완전한 휴식을 취하는 방법을 배우면 많은 시간 잠을 잘 필요가 없어집니다. 그러므로 수면계획을 조절해야 합니다. 요기들은 두 시간 반 정도로 수면을 줄이다가 나중에는 잠을 자지 않습니다. 잠을 자는 대신 깊은 명상상태로 들어가는데, 요기들은 그것을 '잠들지 않는 잠'이라고 합니다. 명상이 여러분 삶의 전부가 되는 때 이런 변화가 자연스럽게 일어날 것입니다.

나는 명상 수련에 열중하는 사람들에게 새벽 3시에 일어날 것을 권장합니다. 이 시간은 브라흐마 무후르타 *brahma muhurta*라고 부릅니다. 정해 놓은 시간에 일어나는 연습을 하면 의지대로 원하는 시간에 잠들 수 있습니다. "세 시에 일어나야 하니까 지금 자야겠다."고 하면 금방 잠들 수 있습니다. 그러니까 결국 당신이 할 수 있는 일, 해야 할 모든 일이 자신의 의식을 조절하기에 달려 있습니다. 지금 여러분의 모든 행위는 의식적 제어가 아니라 무의식의 지배를 받는 것이므로, 이제 의식에 따라 행동하는 훈련을 목표로 삼아야 합니다. 이것은 중요한 과정입니다.

수면에는 두 가지 양상이 있는데, 하나는 무의식이 되는 것으로 일반적으로 잠이라고 생각하는 것입니다. 그런데 이 무의식 상태의 수면은 건강한 것이 아닙니다. 정크푸드를 무의식적으로 먹는 것이 건강에 해로운 것과 마찬가지로 무의식 상태의 수면도 건강에 좋지 않습니다. 이런 수면도 어느 면에서는 도움이 되지만, 무의식 상태의 수면에서도 정신의 일부는 여전히 깨어 있기 때문에 깊은 수면은 아닙니다. 잠을 자고 있는데 누가 갑자기 당신 몸에 손을 대면 잠결에서도 당신은 그 손을 밀어낼 것입니다. 정신의 일부가 깨어 있기 때문입니다.

우리가 깊이 잠든 상태에서도 정신의 한 부분은 쉬지 못하고 있다는 것입니다. 정신의 이런 측면을 어떻게 해야 할까요? 이것을 다루어 보거나 깊이 생각한 적이 없기 때문에, 여러분은 몸을 편안하게 하는 이완과 명상을 배워야 하는 것입니다. 그러면 쉬지 못하는 정신의 그 부분을 의식적으로 쉬게 할 수 있습니다. 이런 이유로 나는 여러분에게 명상을 하라고 하는 것입니다. 명상은 중요한 것입니다.

그리고 의식 상태의 수면이라는 것이 있습니다. 고대의 현자들이 "바보가 잠에 들면 바보가 되어 나오지만, 바보가 명상에 들면 현자가 되어 나온다."고 했습니다. 이런 차이가 있는 것입니다. 바보가 명상에 들어가면 변화됩니다. 이제 그는 바보가 아니라 현자입니다. 명상은 의식의 습관인데 반해 잠은 무의식의 습관입니다. 명상은 의식과 무의식의 정신 양쪽을 쉬게 할 수 있지만, 잠은 의식의 정신만 쉬게 할 수 있습니다. 몸과 마음에 완전한 휴식을 주기 위해 명상은 매우 중요합니다.

건강하게 살려면 운동과 호흡수련과 명상의 시간을 가져야 합니다. 여러분은 자신이 태어났고, 태어난 것은 모두 죽기 마련이라는 사실을 생각해야 합니다. 죽는다는 사실에 사로잡혀 두려움을 갖는 것은 전혀 도움이 되지 않습니다. 모든 것이 언젠가는 변하고 죽습니다. 그러나 우리는 탄생과 죽음과 소멸의 과정을 거치는 육신만 잃는 것입니다. 그러니 무엇을 두려워합니까? 이 사실을 배우고 깨달은 적이 없으므로 이제부터는 마음에 계속 상기시켜야 합니다. 여러분은 언제나 두려워하며 자신을 안전하게 지켜야 한다고 배웠습니다. 사람들은 "그쪽으로 가지 마. 넘어져. 그리로 가지 마. 사고를 당할 거야. 여기는 가면 안 돼. 누군가 널 죽일 거야."라고 말했습니다. 이 모든 부정적 의견이 여러분의 마음에 저장되어 있고, 그래서 불안감을 갖게 되었습니다. 하지만 여러분 마음에 있는 두려움은 대부분 상상에서 나온 것입니다.

여러분은 살면서 많은 것에 대해 깊이 생각하지만, 자기가 느끼는 두려움에 대해서는 곰곰이 생각한 적이 없을 것입니다. 이런 식으로 생각해 보면 좀 더 분명히 이해할 수 있을 것입니다. 자기보존의식은 인간이 지닌 가장 큰 욕구입니다. 사람들은 항상 자신을 보호할 방법을 찾습니다. 반사작용을 생각해 봅시다. 내가 여러분에게 뭔가를 던지면 여러분은 손으로 머리를 감싸 보호하려고 합니다. 사람들은 항상 겁을 냅니다. 불안감은 우리 삶의 주요 일부입니다. 여러분의 일생을 움직이는 주요 동기는 불안감입니다. 여러분은 자신이 느끼는 불안감에 대해 깊이 생각해 보려고 한 적이 없습니다. 가만히 앉아서 왜 불안한지 마음에게 물어보세요. 그러면 당신이 지닌 모든 불안함이 상상의 산물이라는 것을 알게 될 것입니다.

상상은 여러분의 내면에 허상을 만들어 내지만 여러분은 외부에서 상상한 것을 받아들입니다. 실제로 여러분의 내면에는 불안이나 두려움이 없는 것입니다. 두려움을 경험하면 여러분은 바깥에서 어떤 이미지를 받아들이고 그것을 마음에 각인시킵니다. 그런 다음 그것을 붙잡고 사랑하고 생각하면서 그것의 일부가 됩니다. 이것이 여러분의 상상이며, 자신에게 그렇게 하고 있는 것입니다. 그리고 불안해하는 자신을 비난합니다. 왜 자신을 비난해야 합니까? 마음에 각인된 그것만 버리면 당신은 자유롭습니다. 마음이 자신을 비난하도록 허락하지 마세요.

두려움에 목적이 있다면 그것은 맨 처음에 그 두려움을 느끼게 된 이유를 자문하고 이해하도록 당신을 이끄는 것입니다. 많은 두려움이 당신의 내면에 묻혀 있는데 당신은 한 번도 그것을 들여다본 적이 없기 때문에 그것에 휘둘리는 것입니다. 사실 여러분은 자신이 느끼는 불안과 두려움을 들여다보는 것을 겁내고 있습니다. 그러나 각각의 두려움을 하나씩 살펴보면서 대면하는 방법을 배우면 두려움의 지배에서 벗어나 자유로워질 것입니다. 이 과정도 매우 중요합니다. 인간은 모두 나름의 불안함을 느끼고 삽니다.

어느 날 나는 데라둔Dehra Dun 시내에 방을 구하지 못해 지방정부 숙소에서 지내게 되었는데, 이날 저녁에 세계여성지도자로 널리 알려진 여성이 그곳에 도착해 다른 방에 머물렀습니다. 이 여성은 용기와 능력으로 유명했습니다. 총을 두려워하지 않았고, 언론인이나 관계자들도 겁내는 전쟁터에도 달려갔습니다. 그 용감함은 다른 이들에게도 용기를 불어넣었습니다. 그날 밤 열두 시쯤에 그 여성이 방에서 비명을 지르며 우는 소리가 들렸습니다. 나는 복도로 나가서 "무슨 일입니까? 왜 그러세요?" 하고 물었습니다.

그랬더니 안에서 "큰일 났어요." 하는 대답이 들렸습니다.

나는 "무슨 일인지 말씀하세요. 안 그러면 문을 부수고 들어가겠습니다." 했습니다.

그녀는 "안 돼요!" 했고, 나는 "그럼 문을 여세요!" 했습니다.

그런데 그녀는 이렇게 말했습니다. "못 열어요. 방문 손잡이에 거미가 붙어 있어요!" 그 용감하다던 여성도 거미는 무서워했습니다.

언젠가 미국 국회에서 입법 관련 일을 돕는 변호사 한 사람이 워싱턴에서 왔습니다. 그는 건장하고 유쾌한 사람이었는데, 동행한 몇 명과 함께 리시케시Rishikesh에 와서 바깥 숙소에 머물렀습니다. 그 숙소는 많은 사람들이 머물렀던 곳으로, 깨끗하고 안락했습니다. 그런데 어느 날 밤, 그 변호사가 비명을 질렀습니다. "여기 도마뱀이 들어왔어요!" 인도 같은 열대지방에는 작은 도마뱀이 어디에나 있고 해롭지도 않습니다. 물거나 문제를 일으키지도 않습니다. 어떤 사람들은 이 도마뱀을 무서워하고 또 어떤 사람들은 뱀을 무서워합니다.

사람은 누구나 두려움을 느낍니다. 두려움의 뿌리인 절박감은 자기보존 욕구입니다. 물론 우리는 자신을 보존하고 보호하려는 욕구를 갖습니다. 그러나 이보다 더 깊은 곳에 있는 두려움을 잘 살펴보면 그것이 전부 가짜라는 사실을 알게 될 것입니다. 여러분의 두려움은 진짜도 아니고 사실도 아닙니다.

창의적이 되려면 먼저 감정적으로 안정되어야 하고, 안정적이 되려면 부정적인 감정이 어떤 것이며, 어떻게 생겨나는지 알아야 합니다. 부정적인 감정들을 놓고 자가상담을 하는 방법을 배워야 합니다. 그러나 감정의 원초적 근원들을 안정적으로 조절하지 않고는 자가치유 효과를 볼 수 없습니다.

이런 이야기를 하는 내가 여러분에게 무례할 수도 있고, 어쩌면 여러분을 실망시키거나 마음 상하게 할지도 모르겠지만 이런 것들은 모두 사실입니다. 나는 성행위를 하면 안 된다 또는 음식을 먹지 말라거나 잠을 자지 말라고 말하는 게 아닙니다. 여러분이 먹고 자고 성행위를 하는 시간을 조절해야 한다는 말을 하고 있는 것입니다. 그리고 여러분의 긍정적인 감정을 이해하고 장려해야 하며, 그것을 마음과 행동과 말로써 표현하는 방식을 배워야 합니다. 이것이 여러분 감정의 본질과 창조적으로 협력하기를 배우는 일의 시작입니다.

사람들은 감정의 굴레에서 벗어나 자유로워지는 데 시간이 얼마나 걸리는지를 내게 묻곤 합니다. 내 대답은 "1초!" 입니다. 모든 인간이 감정을 긍정적으로 사용한다면 온 세상이 하루 만에 자유롭고 행복해질 수 있습니다. 그러므로 자기 자신에 대해 배우기 바랍니다. 여러분의 모든 행위는 생각으로 다스려지고, 모든 생각은 감정으로 다스려집니다. 감정과 비교하면 생각은 거의 힘이 없습니다. 감정의 힘을 발전적으로 사용할 수 있으면 여러분은 감정과 통할 수 있습니다. 그러면 감정의 힘은 창조적으로 활용할 수 있게 되고, 마침내 참행복을 주는 높은 차원으로 여러분을 인도할 것입니다.

제5장
기억과 마음의 본질

여러분은 예수가 위대한 인물이며 하느님의 아들이었다고 배웠습니다. 베단타 철학적 고찰에 따르면 그것은 사실입니다. 그리고 붓다, 크리슈나, 무함마드, 구루 나낙Nanak과 마찬가지로 모세Moses도 하느님의 아들이었습니다. 이들은 우리가 태어난 것과 똑같은 방식으로 이 세상에 태어났습니다. 이들은 우리와 마찬가지로 사물을 보고자 할 때 눈을 사용했고, 소리를 듣고자 할 때 귀를 사용했으며, 우리와 똑같이 땅 위를 걸어다녔습니다. 그런데 이들이 그토록 위대한 지도자로 여겨지는 이유는 무엇일까요? 이들이 위대하고 영향력 있는 인물이 된 이유는 이들이 인간의 내적 차원을 알았고, 그것이 어떻게 작용하는지 알았기 때문입니다. 이들은 자신의 내면, 자신의 마음을 알았습니다. 이런 모든 위대한 현자들처럼 영적 성장을 이루기 위해서는 먼저, 생각이 진행되는 과정을 알아야 하는데, 여러 단계로 이것을 이해할 수 있습니다.

여러분은 자신의 생각이 어떻게 진행되는지 알고 있습니까? 책과 외부 자료를 통해 마음에 대해 이해하려고 노력했을 수도 있지만, 그런 방법은 소용이 없습니다. 여러분은 외부 도움 없이 마음을 연구할 수 있습니다. 마음의 본질을 충분히 이해해야 합니다. 생각이 진행되는 과정을 이해하지 못하면 자기 자신을 전혀 이해할 수 없습니다.

그런데 사실 우리 마음을 전부 알 수는 없습니다. 마음의 큰 부분은 묻혀 있고 알지 못하는 것이어서 이해할 수 없기 때문입니다. 그래서 마음의 본질에 대해 논의하면서 우리가 "우리 몸은 전부 마음속에 있지만, 마음이 전부 몸속에 있는 것은 아니다."라고 말하는 이유입니다. 이 말은 마음이 몸보다 훨씬 광대하고 광범위하다는 뜻입니다.

그러나 몸이 마음과 생각하는 과정과 어떤 연관이 있는가 하는 점은 반드시 알아야 할 중요한 것입니다. 몸과 호흡과 마음은 함께 연결되어 작용합니다. 행동은 사실상 생각의 표현이며, 생각은 사실 우리의 욕망입니다. 욕망은, 음식, 성, 수면, 자기보존이라는 네 가지 원초적 욕구에서 일어나는 감정과 섞여 있습니다. 그러므로 감정과 생각하는 과정의 결합이 우리가 말하는 마음입니다. 사람들이 각자 다른 방식으로 사물을 인식하는 이유는 서로 다른 관점에서 그것을 받아들이기 때문입니다.

여러분 자신과 실재 사이에 존재하는 것이 있는데, 그것이 마음, 즉 생각의 과정입니다. 마음은 우리와 실재 사이에 있는 벽입니다. 그런 동시에 마음은 삶의 최상의 목표를 성취하기 위한, 현재 당신이 모르는 삶의 차원을 알기 위한 도구가 될 수 있습니다. 마음의 다양한 기능과 그 전체를 이해함으로써 우리가 아직 깨닫지 못한 자신의 품성을 어느 정도 이해할 수 있게 됩니다. 그러므로 먼저 마음의 다양한 기능을 명확하게 이해해야 합니다.

마음에는 두 개의 방이 있습니다. 의식적 마음과 무의식의 마음입니다. 마음의 의식적 측면은 아주 작지만, 깨어 있는 동안 우리는 이 작은 부분만 사용하고 발전시킵니다. 잠을 자고 꿈을 꾸는 무의식 차원의 마음은 우리가 제어할 수 없으며 이에 관해 아는 것도 별로 없습니다. 우리는 왜 꿈을 꿀까요? 왜 우리가 원하는 대로 기분 좋은 꿈이 반복되지 않는 걸까요? 왜 원하지 않는 악몽을 꾸게 될까요?

학식이 높은 사람도 천재나 위대한 예술가도 자기 꿈속에서는 아무것도 아닙니다. 잠자기 전에 의식적 마음으로 무엇을 했어도, 마음의 광대한 부분은 계발되지도, 성장하지도, 정화되지도, 사용하지도 않은 채 남아 있습니다. 이 부분이 무의식 차원의 마음입니다. 오직 축복받은 소수의 사람, 위대한 인물, 그리스도, 모세, 붓다 같은 인물들만 이 부분을 사용했습니다. 이들이 깨달음을 얻고 위대한 인물이 된 것은 마음에 숨어 있는 부분을 조절할 수 있는 힘을 지니게 되었기 때문입니다.

현자들은 무의식 차원의 마음이 전부 의식하는 마음이 되도록 확장하는 방법을 알고 있습니다. 이들은 의식 있는 마음 영역을 확장하고, 사람들이 모르는 무의식의 마음까지 의식합니다. 이들에게는 과거, 현재, 미래라는 구분이 없습니다. 여러분에게는 현재의식이 없기 때문에 과거와 미래만 있습니다. 사실 여러분은 지금 여기에 살고 있지 않습니다. 여러분의 삼스카라(*samskara*, 무의식의 마음에 저장된 인상)들이 여러분 마음에 지속적으로 들어와서 지금 현재에 새로운 행동을 하도록 자극합니다. 그러지 않을 때에 여러분은 미래를 생각합니다. 성자들은 명상 중에는 시간 의식이 없다고 합니다. 명상은 시간을 없앱니다. 그래서 자유롭고, 지금 여기 머물 수 있습니다. 성자들이 "명상하라, 명상하라, 명상하라!"고 말하는 이유가 이것입니다.

우리가 내면의 깊숙한 본질을 살펴보면, 자신을 바퀴에 비유할 수 있을 것입니다. 바큇살이 없으면 바퀴는 구르지 못합니다. 바큇살이 있어서 바퀴가 도는 것입니다. 그러나 고정되어 움직이지 않는 중심축이 없다면 바퀴살은 돌아가지 않습니다. 바퀴는 결국 중심축으로 인해 굴러갑니다. 중심에 있는 움직이지 않는 것이 바퀴를 돌게 하는 것입니다. 이 중심축이 움직임을 만듭니다.

인간도 이와 같습니다. 우리에게는 개별 영혼 또는 의식의 중심이라는 것이 있는데, 이것은 움직임, 변화, 쇠퇴, 죽음 등에 지배되지 않습니다. 바퀴의 중심축처럼 이것은 움직이지 않습니다. 우리의 중심은 영원합니다. 그러나 우리는 이 중심과 접속하지 못하고 있습니다. 그래서 끊임없이 두려워하고 불안해하면서 감정에 사로잡힙니다. 다양한 차원과 다양한 정도로 흐르는 의식의 중심인 이 부분에 우리는 거의 닿지 못하고 있습니다. 우리가 그나마 현재 경험하는 의식의 작은 부분도 희미한 것일 뿐입니다.

여러 겹의 차광막이나 필터로 가려진 빛을 밖에서 보면 희미합니다. 하지만 차광막을 하나씩 걷어낼 때마다 빛은 점점 밝아집니다. 이 빛이 여러분의 실체입니다. 우리는 바퀴의 고정된 중심축이나 차광막 안에 있는 빛과 같은 존재입니다. 그러나 사람들은 자기 자신을 그 중심과 동일시하지 않고, 움직이고 변하는 바퀴살과 동일시합니다.

바퀴의 비유를 계속하면서, 중심 바퀴살이 네 개인 바퀴를 생각해 봅시다. 바퀴살 네 개는 마음의 네 가지 기능입니다. 즉 감각/동력에 관계하는 마음이며 생각하는 기능인 마나스, 에고ego인 아함카라, 우리가 받아들인 모든 지식의 저장고인 칫타, 내면의 카운슬러로, 결정하는 기능인 붓디가 그것입니다.

마나스는 우리가 '마음'이라 부르지만 사실은 사고 과정의 일면에 불과하며, "이것을 할까 말까?" 같은 의문을 갖게 합니다. 뭔가를 하려고 할 때마다 "할까 말까? 어느 쪽으로 갈까? 어느 게 더 유용할까? 여기 앉을까 저기 앉을까? 이걸 말할까 말까?" 이런 의문이 일어나고 고민하게 됩니다. 우리 마음에는 항상 의문을 품는 본성이 있는데, 이것이 마나스가 작용한 결과입니다. 이 끊임없는 의문은 필요한 것입니다.

마나스는 안과 밖 양측에서 활동하는 마음의 유일한 힘입니다. 이 기능은 이중적입니다. 마나스는 강력한 힘을 가진 능력으로, 안에서 밖으로 그리고 밖에서 안으로 무엇이나 다 취합니다. 말하자면 수입도 하고 수출도 합니다. 이렇게 하기 위해 마나스는 열 가지 감각을 이용합니다. 마나스는 우리가 잠에서 깨어나는 순간부터 작용하는데, 차 한 잔을 마음에 떠올리면 손이 움직이고 주방으로 걸어가서 차를 준비합니다.

그런데 마나스에는 한계가 있습니다. 결정을 내리는 능력이 없습니다. 결정하는 능력, 즉 분별력은 붓디가 지닌 능력입니다. 사람들은 상위 기능인 붓디의 조언을 받아들이지 않기 때문에 주로 마나스에 의해 움직입니다. 그러나 마음이 올바르게 기능을 하려면 마나스와 붓디의 협력이 필요합니다.

붓디는 세 가지 자질을 가졌는데, 판단할 줄 알고, 분별할 줄 알며, 결정할 줄 압니다. 분별력은 "이 사람은 여자고 저 사람은 남자다." 하는 구분과, "이건 좋고 저건 나쁘다." 하는 판단 능력입니다. 붓디의 결정 능력도 중요합니다. 상황과 사물을 제때에 결정할 줄 모르면 우리는 기회를 놓칩니다. 기회를 놓치면 후회하면서 자기 자신을 탓하게 됩니다. 기회를 놓치고 나서야 그때 그렇게 했으면 좋았을 것이라고 생각하며 참담해합니다.

마음의 셋째 기능은 칫타라고 하는데, 이 기능으로 우리는 지식을 습득합니다. 칫타는 지식과 기억, 장점과 단점의 저장소입니다. 외부에서 지식을 모아 축적할 뿐만 아니라 내면에서 생겨나는 힘도 저장합니다. 칫타는 직관적 인식을 하는 우리 내면의 서재입니다.

넷째 기능은 아함카라 또는 '나'라는 인식입니다. 교회에서 기도할 때에 자신이 신에게 기도한다고 생각하겠지만, 사실은 자신의 에고에게 기도하고 있습니다. 기도할 때마다 "저에게 이것을 주세요, 저것을 주세요." 하고 요청합니다. 이것은 당신의 '나' 의식이 "'나'는 이것이 필요하다. '나'는 저것이 필요하다."라고 주장한다는 뜻입니다. '나'는 당신에게 모든 것입니다. 신은 당신의 에고에 부차적인 것일 뿐입니다.

여러분이 하루 종일 하는 말을 곰곰이 생각해 보면 가장 많이 사용하는 낱말이 '나'라는 것을 알게 됩니다. 우리는 어릴 때부터 '나'를 의식해 왔기 때문에 '나'라는 의지가 너무나 강해져서 나를 소유한 것, 지식이 흘러나오는 곳인 나의 진짜 소유자를 잊었습니다. 그것은 아트만atman, 즉 '나'를 깨닫게 해 준 의식의 중심인데, 에고가 자기 역할을 잊은 것입니다. 에고는 "이 몸은 내 꺼야. 이 집은 내 것이야, 아내도 내 것이고 이 아이들도 내 것이야."라고 말합니다. '내 것, 네 것'이라고 하는 이 모든 생각은 에고에서 나옵니다.

에고는 심각한 문제를 만들어 냅니다. 에고는 전체로부터 당신을 분리시키고, 당신 주위에 경계선을 그어 당신을 편협하고 이기적인 사람으로 만듭니다. 그래서 당신은 다른 사람들과 나눌 줄 모릅니다. 이렇게 자기만 생각하는 자기중심적인 사람이 될수록 타인과 소통도 하지 않고 좋은 관계를 맺기도 어려워집니다. 에고는 많은 면에서 대단히 도움이 되는 것이고, 당신에게 맡겨진 역할을 깨닫게 해 주지만, 당신은 이 역할을 완전히 잊어버립니다. 당신은 언제나 "나는 이게 필요해. 나는 이걸 갖고 싶어."라고 말하면서 에고를 키우고 있습니다. 온종일 오직 '나'만 중요하고, 다른 것들은 전부 이차적인 것이 됩니다. 여러분이 자신의 에고를 얼마나 키우고 있는지 한번 살펴보기 바랍니다.

마음의 하위 기능인 마나스와 아함카라는 둘 다 문제를 일으키는 것으로, 마나스는 의심과 의문으로 우리를 방해하고, 아함카라는 우리를 의식의 중심에서 떼어 놓습니다. 그런데 이것은 우리의 정신적 습관 때문입니다. 그러므로 마나스와 아함카라를 훈련해야 하는데, 이 과정이 우리가 마음을 '갈고 닦는다'고 하는 것입니다. 아함카라를 칫타로 이끌고, 마나스를 붓디로 훈련하면 여러분은 가치 있는 것을 성취하게 됩니다.

살면서 우리 내면의 조언자인 붓디가 하라는 것 외에 다른 것은 하지 마세요. 우리는 자기 자신과 함께 하는 내적 경험을 해야 합니다. 붓디가 마나스에게 올바르고 확실한 판단을 내리도록 훈련해야 하고, 당신이 원치 않는 것일지라도 때로 마나스가 붓디의 조언을 받아들이도록 훈련해야 합니다.

사람들은 이따금 완고해집니다. 붓디가 지침을 내려주어도 그것을 따르고 싶지 않을 때가 있습니다. 예를 들어, 이른 아침 당신이 아직 잠자리에 누워 있을 때 당신의 붓디는 이제 일어나야 할 시간이라는 것을 알지만 당신은 계속 일어나지 않고 있으면서 결국 이것은 나쁜 습관이 됩니다. 잠자리에서 일어나 아침을 먹고 일터로 가기까지 얼마나 걸리는지 알고 있으면서도 제 시간에 일어나지 않습니다. 잠에서 깨었지만 이불 속에 누워 있는 것입니다. 이런 태도는 여러분 인성에 있는 게으름의 흔적입니다. 이렇게 서서히 내면의 부정적인 습관이 형성되어 갑니다.

명상 수련을 하는 견습 스와미나 열심한 학생들이 마음을 발전시키기를 원할 때, 우리는 아침잠에서 깨자마자 잠자리에서 나와야 한다고 제일 먼저 가르칩니다. 잠에서 깨어 이불 밖으로 나오는 데에 걸리는 시간으로 게으름의 정도를 알 수 있습니다. 여러분 마음이 "아, 오늘은 일요일이잖아. 쉬는 날이니까 좀 더 누워 있자."라고 말할 것입니다. 이것은 자신을 훈련하는 데 나쁜 방법입니다. 마음을 가르치는 데에도 나쁜 방식입니다. 일요일이건 월요일이건 상관없이 일어나야 합니다. 계속 이불 속에 있는 것은 시간과 에너지를 낭비하는 것인 동시에 여러분의 신체와 정신 양면에 영향을 끼치는 나쁜 습관을 만드는 것입니다.

그러므로 진정으로 당신 자신과 마음을 훈련하고 성장하기를 원한다면 아침에 눈을 뜨면 자리에서 뒹굴지 말고 얼른 일어나는 연습을 제일 먼저 해야 합니다. 일어나 씻고 하루를 시작할 준비를 마치고 필요한 일들을 하세요. 게으르게 빈둥거리지 마세요. 몸을 무겁게 하는 음식 섭취나 과식으로 인한 무기력과 나태의 희생물이 되지 않기를 바랍니다. 무기력과 나태는 할 일을 제때에 하지 않을 때 생기며, 자신에게 도움이 되는 습관을 들이지 않거나 식욕을 조절하지 못할 때에 생깁니다. 좋은 습관이 몸에 배도록 훈련하면 마음 수련에 곧 그 영향이 나타납니다.

이것은 중요한 삶의 비밀인데, 유익한 일을 하지 않고 게으르게 지내면 마음은 흐트러지고 무질서한 생각들만 하게 되어 에너지가 낭비됩니다. 생각은 아무도 먹지 못하는 덜 익은 과일과 같습니다. 열매가 익는다는 것은 긍정적인 생각을 행동으로 옮기는 것입니다. 수많은 훌륭한 생각들이 행동으로 옮겨지지 않기 때문에 사라집니다. 그러니 여러분의 좋은 생각들을 반드시 행동으로 실천하세요. 위대하고 성공한 사람들, 창조적이고 역동적인 삶을 사는 사람들은 그들의 창의적이고 훌륭한 생각을 실천하는 길을 알며, 그 창의적인 생각으로 어떤 계획을 세우고 어떻게 진행하는지 압니다.

이렇게 창조적이 되는 것은 기술입니다. 신체적으로, 정신적으로 도움이 되고 건전하고 건강한 습관을 만들기 위해 익혀야 하는 기술입니다. 긍정적이고 활기찬 사람들은 생각과 말과 행동에 조화를 이루기 때문에 자기 임무를 잘 수행합니다. 그러니 자신을 훈련하세요. '훈련'이란 말에 겁을 낼 필요는 없습니다. 연습과 자기훈련을 통해서 여러분은 자신을 잘 이해하게 됩니다. 여러분의 능력과 지성과 이해력을 내면의 자아, 즉 마음과 내면 상태의 변화를 탐구하는 데에 전부 집중할 때, 당신은 황홀한 경험을 하게 될 것입니다.

습관패턴은 성격을 만듭니다. 성격은 당신의 인격을 구성하며 이 인격이 당신입니다. 베단타 철학은 우리 인간이 궁극적으로는 자신을 깨닫는 존재라고 말하지만, 내가 여기서 설명하는 차원의 자기 자신과는 다릅니다. 여러분에게는 인격이 있고 인격은 습관패턴이 엮여진 특별한 성격입니다. 여러분은 자신의 습관패턴에 책임이 있습니다(물론 부모의 육아방식도 성장기에 여러분이 갖게 된 습관패턴에 영향을 주기는 합니다).

위와 같은 훈련에 책과 같은 외부적인 것은 도움이 되지 않습니다. 여러분의 힘으로 자기 자신을 알아야 합니다. 자기 생각의 흐름, 감정적이 되는 이유, 마음에 있는 문제 등을 자신에게 물어야 합니다. 왜 자주 감정적 혼란을 겪는지, 왜 잘 잊어버리는지, 왜 그렇게 부주의하게 물건을 다루는지 의문을 가져야 합니다. 정말 하고 싶은 일을 왜 하지 못하는지 깊이 생각해 보아야 합니다. 자신에게 이런 질문들을 하면 여러분은 답을 찾을 것입니다.

산스크리트어에 '자신의 내면을 평정하고 완벽하게 자신을 제어할 수 있는 사람'을 뜻하는 낱말이 있습니다. 이런 사람의 행동은 말과 일치하고, 생각은 잘 정리되어 있습니다. 이와 대조적으로 대부분의 사람들은 가야 할 방향이 아닌 쪽으로 가다가 잘못 가고 있다는 것을 갑자기 깨닫습니다. 이렇게 되는 이유는 초점을 맞추어 집중하는 훈련을 받아 본 적이 없기 때문입니다. 자기 자신을 교육하지 않으면 세상의 어떤 교육제도도 여러분을 도울 수 없습니다. 그러나 이것은 쉽지 않습니다. 늙은 개에게 새로운 기교를 가르치기는 어렵다는 옛말처럼, 삶의 후반에는 더욱 어렵습니다.

기억력 향상이란 우리가 원할 때 효과적으로 떠오르게 하는 기술입니다. 기억은 가장 중요한 마음의 기능 중 하나로, 기억력을 높이는 일은 우리의 모든 잠재력을 효과적으로 사용하기를 배우는 과정의 일부입니다. 기억력을 기술적으로 이용하고 정보를 저장하는 방법을 배우면 아주 많은 도움이 될 것입니다. 기억력을 향상시킨다는 것은 알고 있는 어떤 것을 떠올리고 싶을 때 마음의 도움을 받을 것이라는 뜻입니다. 좋은 기억력은 아무런 방해나 간섭을 받지 않고 지식이 떠오르게 합니다.

지금은 여러분의 기억이 차단되어 있습니다. 우리는 굉장히 많은 지식을 갖고 있지만, 필요할 때 도움이 되어 주지 못하고 있습니다. 많은 것을 알고 있어도 기억해야 할 때 생각나지 않아서 그 지식은 도움이 되지 못합니다. 예를 들어, 캐비닛을 열자면 열쇠가 필요한데 열쇠가 보이지 않습니다. 당신은 정신없이 열쇠를 찾으면서 아이들에게 소리를 지르고 남편에게 큰 소리로 "열쇠 좀 찾아줘!" 하고 화를 내며, 아이들에게는 "어디다 숨겼어?" 하며 윽박지릅니다. 그런데 열쇠는 사실 당신 손에 있었습니다. 이런 행동은 차분하게 정돈되지 못한 마음에서 일어났고, 이런 상황이 일어난 원인이 그런 마음입니다. 이런 건망증이 왜 일어나는지 이해하자면, 사물을 인식하는 방식을 살펴보아야 합니다. 외부세계의 어떤 사물을 눈으로 볼 때 우리는 시신경으로 그것의 인상을 받아들입니다. 그런 다음 그 인상은 의식의 마음을 거쳐 무의식의 마음으로 옮겨집니다. 무의식의 마음은 사물의 인상과 삼스카라와 기억을 저장하는 방대한 영역입니다. 기억이 차단된 것은 우리가 할 일이 너무 많아서 미처 다 처리하지 못하기 때문입니다. 의식의 마음과 무의식의 마음 사이의 통로가 차단되었을 때 그것은 의식의 마음으로 쏟아져 들어오는 생각과 정보를 어떻게 처리해야 하는지 모르기 때문입니다.

관심을 기울이는 연습을 하면 잊어버리는 일은 없을 것입니다. 아주 중요한 것을 잊었다고 말한다면 그 중요한 것에 전혀 주의를 기울이지 않았다는 뜻입니다. 그것은 칫타에 저장되어 있는데도 잊어버린 상황에 아무런 관심을 기울이지 않습니다. 주의와 기억은 관심에서 옵니다. 관심을 갖고 있는 것은 절대 잊지 않습니다. 여러분의 집도 관심사항입니다. 아무리 화가 나 있어도, 아무리 정신이 없어도 발걸음은 집을 찾아갑니다. 관심이 머물기 때문에 아내나 아이들을 잊어버리지 않고, 은행 계좌도 잊지 않습니다. 그러므로 열쇠를 찾아야 한다는 것을 알았을 때 왜 그리고 어떻게 잊었는지 자신에게 물어야 합니다. 이런 일이 생긴 것은 여러분이 자기 생각의 흐름을 모르거나 주의를 기울여야 마땅한 것에 관심을 두지 않았기 때문입니다.

이렇게 기억은 우리의 관심을 나타내고 반영합니다. 어떤 주제에 관심이 있으면 우리는 주제와 관련 있는 책을 열심히 봅니다. 그러나 어떤 과목에 흥미가 없으면 공부가 어려워지고 이해력도 떨어집니다. 관심을 갖고 주의를 기울이는 일은 훈련에 달려 있습니다. 아이들이 일찍부터 체계적으로 이런 훈련을 받는다면 부주의해지는 일은 없을 것입니다. 부주의하다는 것은 기억하지 못하는 뭔가를 기억하고 싶어 한다는 의미입니다. 욕구도 있고 불씨도 있는데 여러분은 그 불꽃을 타오르게 하는 연료를 주지 않고 있습니다. 자신이 하고 있는 일에 전적인 관심을 기울이지 않고 있는 것입니다. 마음을 차분히 정리하고 잘 활용하는 데 도움이 되는 쉽고 간단한 훈련이 몇 가지 있습니다. 매일 수련하는 시간에 5분을 더해서 기억을 훈련하는 데 집중하면 크게 도움이 될 것입니다. 그런데 마음과 기억을 향상시키려면 자신이 하는 일에 관심을 집중하는 훈련을 해야 한다는 점을 먼저 알아야 합니다. 전적으로 관심을 기울이지 않고 뭔가를 하게 되면 마음이 흐트러지고 무기력해지며 내적 갈등이 일어납니다.

기억력을 향상시키자면 매일 몇 분 동안 의식적으로 자신을 쉬게 해야 합니다. 수면으로 휴식을 취하는 것은 충분하지 않습니다다. 의식이 있는 상태에서 휴식하는 것이 훨씬 중요합니다. 이때 근육과 신경계 그리고 마음을 편안히 이완하는 데에 주의를 집중하세요. 피곤할 때는 잠이 좋은 약이고 처방이며 큰 도움이 됩니다. 의식적으로 휴식할 수 없을 때 잠을 자면서 꿈을 꾸는 것이 때로 도움이 됩니다(꿈은 의식이 깨어 있는 동안 마음에 저장된 억제된 것들이 표현되는 것입니다). 수면으로 휴식을 취하는 것은 분명하지만 우리를 완전히 쉬게 하지는 않습니다. 사람들은 여덟 시간 정도 잠을 자고 나서도 여전히 피로를 느낍니다. 완전한 휴식을 취하는 오직 한 가지 방법은 깨어 있는 상태에서 몸을 의식적으로 쉬게 하는 것입니다. 의식적 이완은 우리 일상의 일부가 되어야 합니다. 그러니 휴식하면서 여러분에게 상처를 주는 것들을 거부하고 흘려보내는 연습을 하세요.

마음이 감각이라는 매개체를 통해 바깥세상으로 달아나지 못하게 함으로써 의식을 조용히 가라앉히게 되었다고 합시다. 여러분은 살며시 눈을 감고 조용한 분위기를 만듭니다. 소리가 들리지 않고 감촉도 없으며 냄새도 맡지 않습니다. 그런데 문제가 생깁니다. 마음이 이완되지 않는 것입니다. 무의식의 마음에 저장한 모든 생각들이 의식으로 쏟아져 들어옵니다. 깜빡 잊고 하지 않은 일이 생각나서 신경이 쓰일 수도 있습니다. 이완된 마음이란 무엇에 사로잡히거나 방해를 받지 않는 마음, 평온한 마음입니다.

다음의 훈련은 명상훈련이 아니라 기억을 향상시키는 것으로, 이 훈련을 하면 도움을 받는 게 분명한데도 사람들은 대부분 하려 하지 않고, 한다 해도 효과가 나타나기 전에 그만두고 맙니다. 이 훈련은 체계적으로 하면 많은 도움이 되는 강력한 것이며, 기억력이 대단히 좋아질 수 있습니다. 나는 한때 기억력이 감소되고 있다는 생각이 들어서 이 훈련을 했고, 지금 내 기억력은 완벽합니다. 나는 내가 체험하지 않은 것을 가르치거나 권하지 않습니다. 지금 하고 있고 또 해 본 적이 있는 것만 가르칩니다. 이 훈련은 내게 많은 도움이 되고 있습니다.

이 훈련을 시작하자면 먼저 편안하고 안정된 자세로 앉습니다. 안정된 자세란 머리와 목과 몸통을 일직선으로 세우는 것입니다. 서양인들은 바닥에 앉는 것이 익숙하지 않아서 편안하게 앉는 자세를 하는 데 어려움이 있습니다. 앉는 자세 중 어떤 것은 처음에는 편안한 것 같지만 얼마 후 통증이나 불편을 느낄 수 있습니다. 그러므로 바닥에 편안하게 앉아 있는 게 힘들다면 무리하게 계속할 필요는 없습니다. 근육이 땅겨서 아플 수 있습니다. 등받이가 반듯한 의자에 앉아 머리와 목과 몸통을 곧게 하면 됩니다. 이 자세를 '우정 자세'라고 하는데, 불교 명상법에 설명되어 있습니다.

고요하게 앉아서 몸이 움직이지 않도록 하고 깊게 숨을 쉽니다. 고르게 깊은 숨을 쉬는 것은 모든 스트레스와 긴장과 피로를 없애는 데 정말 좋은 한 가지 처방입니다. 깊고 고른 호흡은 숨을 내쉴 때 복부 근육을 안으로 당기는 것인데, 이때 가로막을 위로 올라가게 해서 사용한 기체를 내보내도록 돕습니다. 그리고 숨을 들이쉴 때 복부 근육을 밖으로 밀어내 가로막이 아래로 내려가게 해서 허파를 완전히 채울 수 있도록 공간을 넓힙니다. 이것은 가로막호흡이라고 부릅니다.

가로막호흡은 인간이 날 때부터 하는 호흡입니다. 유아들은 가로막으로 호흡하지만, 성장하면서 우리는 몹시 바쁜 생활과 잠자고 먹고 마시고 행동하는 방식으로 인해 가로막의 자유로운 움직임이 교란되었고 이것이 습관이 되었습니다. 우리는 이 본래의 호흡방식으로 돌아가야 합니다. 가로막이 복부 근육의 도움을 받아 움직이게 하는 것은 이완에서 가장 중요한 요소이며, 이 방식의 호흡을 배우면 매우 유익합니다. 항상 이 호흡방식으로 숨 쉬어야 합니다.

다음으로 중요한 점은 마음을 하나로 모으고 집중하는 것입니다. 마음에는 수백만 가지 형상과 이미지가 있기 때문에 마음은 항상 혼란스럽고 그로 인한 동요가 일어납니다. 어떤 특정 형상에 집중하려고 애를 쓰는데 다른 형상과 이미지들이 마음을 방해합니다. 그러므로 마음을 제어하고 집중할 필요가 있습니다. 그런 훈련으로 숫자를 세는 방법을 사용할 것입니다.

먼저, 소리를 내지 않고 1부터 100까지 세는데, 1초에 하나씩 세야 합니다. 그런 다음 100부터 1까지 거꾸로 셉니다. 100까지 세는 것은 쉽지만 100부터 1까지 셀 때는 77까지 또는 그 전에 다음 수를 세는 것이 어려워질 수 있습니다. 그것은 마음이 이런 어려운 것을 해 본 적이 없기 때문입니다.

이런 식으로 1부터 100까지 세고 그 다음에 100부터 1까지 거꾸로 세다 보면, 방해를 받는 때가 있을 것입니다. 그러면 무엇이 방해가 되는지 알아내야 합니다. 그것이 여러분의 정신적 억눌림이나 머뭇거림이 어떤 것인지 알려 줄 것입니다. 예를 들어, 당신이 아내에게 무슨 일을 하겠다고 말했는데 아직 하지 못했다면 수를 세는 동안 그 사실이 당신을 방해하면서 떠오를 것입니다. 방해하는 것들을 주시하는 것이 중요합니다.

마음이 휴식을 취하고 있을 때 머릿속에 있는 걱정거리가 튀어나와 마음을 흐트러지게 합니다. 그러므로 나는 여러분이 많은 걱정거리를 갖지 않기를 바랍니다. 마음이 혼란스럽게 되지 않도록 하세요. 휴식을 취할 때마다 그런 걱정거리들이 집중을 방해할 것입니다. 그것들은 잠을 방해하고 쉬지 못하게 합니다. 마음은 당신이 맡은 책임으로 걱정하고 있습니다(의무를 맡게 되면 책임을 다해야 하는데, 그것들이 당신을 재촉합니다).

단 몇 분만이라도 방해나 간섭을 받지 않고 산만해지지 않도록 자유로운 마음을 유지하는 연습을 하세요. 여러분의 마음이 이런 연습이 필요하다는 것을 알지 못하기 때문에 처음에는 어려울 수도 있지만, 여러분의 마음은 당신의 지시에 따르는 것을 배울 것입니다. 당신의 손에게 컵을 들어서 입으로 가져가라고 지시하면 손은 그렇게 합니다. 그러니 마음이 다른 일도 하도록 지시하는 것을 배워야 하며 이것은 정말 큰 도움이 될 것입니다.

이런 연습을 하면서 여러분은 마음의 힘, 즉 생각의 흐름과 집중력이 어떤 순서로 어떤 체계를 따르도록 주도하는 것을 배우는 것입니다. 그러나 지금까지 마음은 지시라는 것을 한 번도 받아들인 적이 없습니다. 마음은 원하지 않더라도 여러분은 마음이 질서 있게 잘 정돈되도록 가르칠 필요가 있습니다.

여러분의 마음 훈련은 이렇게 1에서 100까지 다시 100에서 1까지 숫자를 세는 연습으로 시작하는데, 마음으로 차례로 세면서 몇 번이나 방해를 받게 되는지 관찰합니다. 또한 어떤 방해가 일어나는지도 주목하고, 방해의 본질도 살펴봅니다. 이들 방해의 근원도 곰곰이 생각해 보아야 합니다. 이 방법으로 여러분은 자기 자신에 관해 많은 것을 배우게 될 것입니다. 여러분의 기억력을 유지하기 위한 숫자 세는 연습은 매일 2분 정도 해야 하며, 점차 시간을 늘려서 천까지 세도록 해야 합니다. 천까지 세는 데는 많은 시간이 필요하지 않습니다. 아마 10분에서 15분쯤 걸릴 것입니다. 아무런 방해를 받지 않고 할 수 있게 되는 때 여러분이 예리해졌다는 것을 알게 될 것입니다. 이 훈련의 효과는 의심할 여지가 없습니다.

가끔 건망증이 있는 것은 생활이 불규칙하거나 섭취하는 음식 때문입니다. 건강에 좋은 음식 섭취는 중요합니다. 물구나무서기도 기억을 향상시키는 데 유익합니다. 그러나 물구나무서기를 하기로 했다면 목을 다치지 않도록 조심해야 합니다. 자격이 있는 스승에게 배워서 해야 합니다.

많은 사람이 물구나무서기를 두려워하는데, 이 두려움은 가슴속에 아주 깊은 두려움이 잠재해 있다는 뜻입니다. 머리를 바닥에 대고 거꾸로 선다는 것은 상징적으로 말하자면, 발로 서는 것을 처음 배운다는 의미이며, 완전한 조절력과 자신감을 가지고 있다는 의미입니다. 물구나무서기를 못하는 사람들이 어떻게 하느냐고 물으면 나는, 먼저 눈을 감고 자기가 물구나무서기를 한다고 상상하라고 말합니다. 그러면 흔히 사람들은 자기가 쓰러지는 것이 상상된다고 말합니다. 그것은 그런 자세를 할 능력이 있다는 확신을 하지 못하기 때문입니다. 먼저 정신으로 할 수 없으면 잘 할 수 있는 일은 없습니다. 정신세계에서 잘하는 것을 배우면 신체로도 잘할 수 있게 됩니다.

기억력을 향상시키는 다른 훈련도 있습니다. 차크라*chakra* 명상법으로 명상을 하거나 마음을 특정한 지점에 모으는 것입니다. 예를 들면, 마음을 미간, 즉 송과선 중심에 집중하는 것입니다. 이것은 작은 원을 마음에 그리는 것입니다. 마음은 집중하는 것을 원치 않습니다. 여기저기로 움직이는 것을 좋아합니다. 고대 요기들은 마음이 원 안에 갇혀 있는 것을 참지 못한다는 것을 알았습니다. 그래서 그들의 기법은 마음을 다시 또다시 이 원으로 데리고 오는 것이었습니다. 차크라의 심상에는 삼각형도 있는데, 이것은 마음을 훈련하는 기하학적이고 수학적인 도형입니다. 그 진행과정을 자세히 들여다보면 기하학적 심상이나 숫자세기가 사용되는 이유를 알게 될 것입니다. 진지한 학생이라면 정확한 방법으로 이 막강한 힘을 지닌 마음을 지휘하는 것을 배워야 합니다. 이러한 노력을 하지 않고, 어떤 방법으로든 마음을 훈련하지 않는다면, 마음이 자기가 원하는 대로 이리저리 헤매고 다니게 내버려 둔다면 명상 수련에 결코 많은 성취를 이루지 못할 것입니다. 이렇게 간단한 연습으로 마음을 훈련하고 수련하면 여러분은 반드시 기억력과 집중력을 향상시킬 수 있습니다.

위대한 인물의 생애에는 신에게 시험을 받는 시기, 즉 사람들에게 이해받지 못하고 박해를 받기도 하는 그런 때가 있었습니다. 그런 시기에도 마음의 평온을 유지한 많은 위대한 인물들의 예를 들 수 있을 것입니다. 소크라테스Socrates도 그 중 한 사람입니다. 그가 관원들에게 잡혀 감옥에 갇혔을 때 제자들은 그를 탈옥시킬

계획을 세우려고 했지만 소크라테스는 거부했습니다. 그것이 사람들에게 좋은 본보기가 아니라는 것을 알았기 때문입니다. 그는 처벌을 받아들였고, 마침내 독이 든 잔을 가져오자 그것을 가져온 사자使者에게 이렇게 말했습니다. "내가 사랑하고 존경하며 찬미하는 신과 조금 나누어 마셔도 되겠느냐?"

그러나 사자는 그 말의 의미를 이해하지 못하고 이렇게 말했습니다. "안 되오. 그것은 당신만을 위한 것이오. 당신의 신과 나누면 안 되오."

소크라테스는 미소를 지으며 독배를 들었습니다. 그러나 죽기 전에 그는 "어떤 독약도 영혼을 죽이지 못한다."라는 말을 남겼습니다.

극소수의 사람만이 변하지도 죽지도 소멸하지도 않는 주체인 영혼을 인식합니다. 그것은 여러분 내면에 있는 위대한 힘입니다. 여러분의 마음은 강한 힘을 지니고 있습니다. 내면 의식의 중심인 개별 영혼보다 위대한 것은 없습니다. 마음은 힘에 있어 영혼을 제외하면 가장 강합니다. 마음은 기능하고 표현하기 위해 의식의 중심인 개별 영혼에게서 힘을 빌려오는 능력을 가졌기 때문입니다. 그러니 육신의 빛이 소멸하기 전에 여러분 내면의 모든 인식에 집중하는 법을 배우세요. 그러면 여러분은 이곳에 껍데기만 남기고 떠날 것입니다.

제6장
힘과 의지력의 성장

 마음과 뇌와 신경계 사이에는 중요한 차이가 있습니다. 이런 비유가 여러분의 이해를 도울 것입니다. 뇌는 전구와 같습니다. 신경계는 전선과 같고, 마음은 전기와 같습니다. 전선이 끊어져 있지 않다면 전기는 전선을 통해 흐를 것이며, 전구가 망가져 있지 않다면 전기가 흘러 전구에 빛이 들어올 것입니다. 여러분이 행복에 이르지 못하는 이유는 이렇게 다른 본질들을 통합하는 방법을 모르기 때문입니다.

 몸과 마음을 조화롭게 통합할 필요가 있습니다. 삶의 어느 면에서나 발전을 이루기 위해서는 여러분의 의지력과 내면의 힘을 키우는 것이 필수적입니다. 그런데 의지력을 키우겠다고 마음먹으면 사람들은 중대한 결단을 내릴 수도 있는데, 이것이 오히려 문제가 될 수 있습니다. 결심한 것을 아직 해내지 못했다면 여러분의 힘과 의지력은 향상되기보다 손상을 입을 수도 있습니다. 그러므로 여러분이 내면의 힘과 의지력을 향상시키기를 진심으로 원한다면 먼저 자신을 열어 놓고 여러분의 의지력이 힘을 받아 활동적이 될 때까지 여러분 자신을 지켜보는 것을 배워야 합니다. 대단한 결심을 하기보다 그냥 자신을 지켜보려는 시도를 하기 바랍니다.

녹음기를 이용해서 스쳐가는 생각을 전부 기록해도 좋을 것입니다. 아마 30분 동안에도 여러분 마음에는 수백만, 수천만 생각이 스쳐갈 것입니다. 이것을 전부 기록하려면 하루가 걸릴 것입니다. 하루 동안의 생각을 기록하자면 일주일이 걸릴 것입니다. 그러니 마음을 탐구하는 일은 정말 쉽지 않은 작업입니다. 이것이 마음을 연구하는 외부적인 방법인데, 이렇기 때문에 현대과학이 시도하고 있지만 성공하지 못하는 것입니다.

마음을 관찰하는 다른 방법도 있습니다. 존재의 깊은 차원으로 우리를 이끄는 시도가 이에 포함됩니다. 이것은 전혀 다른 방법입니다. 내면을 연구할 때 도움이 되는 외적 도구는 없습니다. 도움이 되는 것은 자기 자신뿐입니다. 마음을 이해해야 하고, 마음에 접근하는 방법을 이해해야 합니다. 체계적으로 여러분 자신의 내면에 들어가는 방법을 알아야 합니다. 외부세계에서 어떤 탐구를 할 때 체계화, 기호화, 규칙화하는 것과 마찬가지로 내면세계 탐구에도 순차적 방식이 필요합니다. 가령, 여러분이 사고를 당하거나 위험이나 극한 상황에 처하면 여러분이 아는 모든 지식, 자신의 모든 것을 사용하게 됩니다. 여러분 내면에는 이런 상황에 대처하는 무언가가 있습니다. 이것은 여러분 마음에 중심이 있다는 뜻입니다. 우리 내면의 이 중심을 알면 자기 자신을 도울 수 있습니다.

중심이라는 이 실체가 얼마나 여러분 가까이 있는지 알고자 한다면 자신의 두려움을 주시하면 됩니다. 가진 것을 잃을까 봐, 갖고 싶은 것을 갖지 못할까 봐 걱정하기 때문에 두려워하는 것입니다. 어떤 두려움을 느낀다면 이 두 가지 가능성을 생각해 볼 수 있습니다. 뭔가를 얻지 못할까 봐, 또는 뭔가를 잃을까 봐 두려운 것입니다. 두려움을 잘 살펴보면 자기 자신을 이해할 수 있고, 그 두려움을 벗어나 자유로울 수 있습니다. 두려움에 짓눌릴수록 여러분은 자신을 더욱 해칠 것입니다.

자기 삶의 목표를 알고, 이 목표를 달성할 시간이 별로 없다는 것을 알면 두려움에서 벗어나 자유로울 수 있습니다. 그러면 목표라는 사명을 완성하기 위한 여러분의 모든 자원을 조화롭게 통합할 수 있고 두려움은 더 이상 여러분에게 다가오지 않을 것입니다. 그러나 인생에 아무 목표가 없으면 실제로는 이미 잃어버린 것을 뺏길까 봐 끊임없이 전전긍긍하며 자신감을 잃어 가게 됩니다. 자신감을 잃는 순간 여러분의 마음은 어느 것도 제때에 결정할 수 없습니다. 오늘 반드시 해야 할 일을 하지 못하고 내일 하려고 하면 그 결과는 같지 않습니다. 그러니 여러분 내면의 지식에 의지하기를 배우세요.

생각의 힘, 즉 마음과 이 마음이 지닌 생각의 힘은 내면에 있는 가장 중요한 힘입니다. 자기 자신만 생각하고, 하고 싶은 것은 어떻게 해서라도 하고야 말겠다고 결심하면, 여러분은 이기심에 사로잡히고 그 결과는 참담할 뿐입니다. 타인을 위해 봉사하고 돕겠다는 생각을 키우고, 진심 어린 관심과 다정함을 그들에게 보여 준다면 이때 여러분은 자신이 삶을 즐기고 있다는 것을 알게 될 것입니다.

사람들은 어떤 일을 시작하기 전에 그 일을 미리 생각해 보는 것을 왜 좋아할까요? 사실 행하는 것 자체는 별로 중요하지 않기 때문입니다. 행위에는 즐거움이 없습니다. 행위는 즐거움이 밖으로 표현되는 것일 뿐입니다. 어떤 일의 진정한 기쁨은 여러분의 마음과 가슴에만 있습니다. 때로 여러분은 자신이 누군가를 위로하는 것을 생각하면서, 아직 실제로 행동하지 않았는데도 이 생각만으로도 즐겁습니다. 때로는 최고로 여기며 무엇보다 즐길 수 있는 일을 하면서도 마음이 딴 곳에 가 있어서 충분히 즐기지 못하기도 합니다. 그러니 정신과 육체가 일치를 이루는 일을 즐기도록 배우세요. 하고 있는 일에 진지하고 깊은 흥미를 갖게 될 때 이렇게 즐기며 일하게 될 것입니다. 큰일이나 작은 일이나, 사소한 일이나 중요한 일이나 여러분이 맡은 일은 관심과 흥미를 가지고 해야 합니다.

결혼한 사람들은 특히 이 점을 깊이 생각해야 합니다. 아내와 남편이 진심으로 서로를 기쁘게 해 주려는 마음 없이 그저 즐기려고 침대로 갈 수 있습니다. 아내는 자기가 성관계에 응하면 남편이 행복할 것이라고 생각할 수 있고, 남편은 성관계를 통해 아내에게 자기 사랑을 준다고 생각할 수도 있습니다. 이렇다면 이 두 사람은 그럴듯한 흉내만 내고 있는 것입니다. 그들이 진실하지 않은 것은 아니지만 그렇다고 자신에게 완전히 솔직한 것도 아닙니다. 이런 행위는 만족감을 주지도 못하고 오히려 긴장감을 갖게 하며, 이 긴장감은 신체적인 이상을 일으킬 수 있습니다. 이런 일은 진정한 관심 없이, 진정한 사랑 없이, 전적인 의지 없이 단순히 시늉만 할 때 일어납니다.

누군가에게 이타적으로 행동할 때 여러분 자신도 기쁘게 해야 합니다. "나는 남을 위해 이 일을 하고 있어."라고 말한다면 여러분 마음은 사실 딴 데 가 있는 것이며, 진정한 이타적 행위도 아닌 것입니다. 정신이 딴 데 가 있고 성의 없이, 진심 없이 하는 것입니다. 그러니 온 마음과 정신을 쏟아 기쁘게 일하는 것을 배우세요. 그러면 정말 즐기면서 일하게 될 것입니다. 어떤 일을 하는 데 긴장과 피로를 느낀다면 몸이나 마음 또는 정신의 어떤 면이 완전히 동의하지 않은 일을 하고 있다는 것을 깨달아야 합니다. 이것이 당신에게 스트레스를 주는 이유입니다.

나는 이 점을 분명히 하고자 합니다. 우리가 일상에서 이타적 행동을 할 수 있다고 생각하더라도, 긍정적 흥미를 불러일으키는 것이 아니라면 그 행동은 우리의 신체적, 심리적 건강에 좋은 것이 아닙니다. 진심을 다하지 않는다면 아무리 이타적인 행동을 하려 해도 우리는 즐겁게 할 수 없습니다.

자신을 관찰하는 훈련을 할 때 여러분의 결심과 행동이 다른 사람에게 상처를 주어서는 안 된다는 것을 기억하세요. 자신을 위해 뭔가를 시도하려다가 남에게 상처를 주고 만다면 그것은 결국 이기적인 행동입니다. 행동의 결과를 다른 사람들과 나누지 않으려 한다면 그것도 이기적인 것입니다. 예를 들어, 당신은 아침 식탁에서 가족은 생각하지 않고 어떤 음식을 앞에 끌어다 놓고 먹는 그런 사람일 수 있습니다. 당신의 자기중심적 태도 실험을 위해서 조금 배려하는 시도를 해 보세요. 먼저 가족에게 음식을 건네주는 시도를 하는 것입니다. 이렇게 한다고 당신의 체면이 깎이는 일은 일어나지 않을 것입니다. 아무것도 잃지 않을 것이며 음식이 부족한 일도 없을 것입니다. 오히려 자신에게서 어떤 긍정적인 효과를 보게 될 것이며, 당신의 가정생활이 완전히 변화하는 것을 깨닫게 될 것입니다.

그러므로 자기 자신을 강화하고 싶다면 타인을 배려하는 마음을 키우고 그들을 위해 얼마나 많은 것을 할 수 있는지를 생각해 보세요. 여러분은 자신의 모든 행동과 말을 여러 타입과 범주로 분류하고 분석할 수 있지만, 먼저 하루에 한 번은 사소한 것이라도 자녀나 배우자, 친구를 위해 해 보기 바랍니다. 자신의 내면에 남들에게 주고자 하는 열망을 키우고 늘린다면, 하루 한 번 아무 욕심 없이 남을 위한 일을 한다면 여러분은 모든 것을 더 많이 즐기고 있는 자신을 보고 깜짝 놀랄 것입니다.

이기심은 가장 큰 적敵입니다. 역사 전반에 걸쳐 인류는 이기심이라 부르는 이 강적을 정복하려고 노력해 왔습니다. 그러나 완전히 극복하지 못하고 아직 성공하지 못했습니다. 자신의 이기심을 정복한 소수의 인물이 있었지만 당대 사람들은 그들을 전혀 이해하지 못했습니다. 예수와 모세의 삶을 보세요. 이들이 자신을 위해 한 일은 아무것도 없고 모든 것을 다른 사람들을 위해 했지만 얼마나 많은 사람들이 그들을 이해했습니까? 가장 심오한 영적 가르침을 전하려고 했을 때 백만 명 중에 단지 몇 명만이 이 앞선 지식이 선포되는 산에 올랐습니다. 여러분도 이런 차원의 가르침을 얻기 위해 천천히 자신을 준비시켜야 합니다. 지식은 저절로 올 것입니다. 모든 지식은 이미 당신 안에 있습니다.

자기 자신을 알기 위해서는 매일 몇 분 간 자신을 위한 시간을 내야 합니다. 많은 사람들이 그 시간에 명상을 하는 것이 옳은 방법이라고 생각하며, 나도 이 생각에 동의합니다. 그런데 대부분의 사람들은 명상의 일부분만 이해합니다. 명상을 할 때 사람들은 조용히 앉아서 자신의 만트라*mantra*를 암송합니다. 이렇게 명상을 하는 동안에는 마음이 한 곳으로 모아집니다. 그러나 이런 명상을 끝내면 여러분의 마음은 판에 박힌 일상으로 돌아갑니다. 이것은 명상의 전 과정이 아닙니다. 명상은 일생 동안 하는 과정입니다. '명상'은 '마음을 쏟다'라는 의미입니다. 전 생애에 주의를 기울인다는 뜻입니다. 명상은 격렬한 것이어서는 안 되며 억지로 해서도 안 됩니다. 여러분의 삶 전체가 명상이 될 수 있습니다. 아침부터 저녁까지 여러분은 무의식적으로나 의식적으로 명상할 수 있습니다. 이런 명상을 잘 수행한다면 많은 도움이 될 것입니다.

사람들은 어떻게 명상을 잘할 수 있는지 자주 묻습니다. 내가 하는 방법은 내 마음에 있는 몇 가지 고민을 깊이 생각해 보라고 나 자신에게 부탁하는 것입니다. 내가 젊은 시절에 나의 스승님께서 내 고민거리가 어디에 있는지 물어보신 적이 있습니다. 나는 내 안에서 생긴다고 대답했고, 스승님께서는 이렇게 말씀하셨습니다. "그러면 답도 네 안에 있다. 내가 다른 방법으로 네게 답을 줄 수도 있지만, 답은 네 안에 있다." 고민이 일어나는 곳에 답도 있습니다. 다른 곳에서 오는 것이 아닙니다.

나는 제자들의 행복한 생활과 관련해서 몇 가지 고민이 있습니다. 이것은 내가 하는 일이니까요. 여러분이 자신의 일에 관심을 갖는 것처럼 나도 내 일, 내 학생들에 관해 관심을 갖습니다. 희망을 갖지 못하는 학생들이 먼저 떠오르고, 이 학생들에게 무슨 일이 있는지 생각하게 됩니다. 하지만 그 학생들이 나를 만나러 와도 나는 신경이 쓰이거나 불편하지 않습니다. 내가 나 자신을 어지럽히면 그 학생들을 도울 수가 없기 때문입니다. 이와 마찬가지로 어떤 고민으로 자기 자신을 어지럽히면 여러분은 더욱 무력해집니다. 여러분은 자신을 갈등에서 빠져나오게 할 수 없고, 타자他者처럼 거리를 두고 지켜보지 못하기 때문에 고민은 계속 남아 있게 됩니다. 오히려 고민거리를 전부 자신과 동일시합니다.

어떤 차분한 사람이 있습니다. 나는 이 여성이 훌륭한 교사가 될 수 있겠다는 생각을 하면서 이런 고민이 생깁니다. "어떤 일을 시킬까? 어떻게 말을 해야 할까?" 이런 고민이 일어나면 나는 고민들에게 이렇게 말합니다. "그래, 와 봐." 나는 만트라를 암송하면서 고민거리를 밀어내지 않습니다. 고민거리가 생기면 여러분은 만트라 암송을 하려고 애쓰는데, 그것은 여러분이 어떤 상황을 회피하고 달아나기 위해 만트라를 이용하려는 것과 같습니다. 그리고 잠시 만트라를 암송한 후에 여러분 마음은 다시 그 고민거리로 돌아갑니다. 이렇게 하는 것은 도움이 되지 않습니다. 그 대신 결정을 내리기 위해 모든 고민거리를 여러분 앞에 두고 그저 지켜보기만 하세요.

나는 매일 아침 일찍 일어나 곧바로 욕실로 가서 명상 준비를 한 다음 자리에 앉습니다. 이 시간은 하루 중 가장 조용하고, 내 마음도 고요합니다. 이 시간에는 마음이 별로 외부로 향하지 않기 때문에 모든 이의 마음이 조용합니다. 나는 내 마음에게 무엇을 해야 하는지 물으면서 나 자신과 대화를 시작합니다. 여러분도 이렇게 자기 자신과 대화하는 것을 익혀야 합니다. 고요하게 앉아 자신에게 묻습니다. "나는 무엇을 원하는가?"

이렇게 하면 마음에 두 가지 형태의 욕구가 있다는 것을 알게 됩니다. 단순한 일상적 욕구와 더 차원 높은 욕구가 그것입니다. 이 두 가지 욕구는 뒤섞여 있습니다. 명상을 하려고 앉으면 여러분은 이런 생각을 하게 됩니다. '나는 이런 게 필요해. 나는 저게 있어야 돼. 좋은 차를 갖고 싶다. 내 차는 고물이야.' 이런 생각들은 세속적인 것입니다. 그렇다고 반사적으로 '내가 지금 무슨 생각을 하고 있는 거야? 이런 생각을 하면 안 되지.' 하면서 자기 자신이 이런 욕구를 억제하게 해서는 안 됩니다. 그것은 도움이 되지 않습니다. 오히려 그 생각들을 여러분 앞에 오도록 하고 여러분은 관찰자가 되어야 합니다. 자신의 마음을 관찰하는 것부터 시작하세요. 도망치려 하지 말고, 어떤 생각이 떠오르더라도 여러분의 생각을 두려워하지 마세요.

대부분 사람들의 경우, 마음에 들어오는 어떤 생각이 그들을 온통 흔들어 놓습니다. 그 다음 또 다른 생각이 들어오고 그 생각도 그들을 혼란스럽게 합니다. 이런 일이 계속 일어납니다. 그러면 사람들은 그런 생각들 때문에 의지와 정신력이 약해집니다. 그런 생각들이 마음으로 끊임없이 들어오기 때문에 두려움을 느낍니다. 여러분에게도 일어날 수 있는 일입니다. 숨어 있던 생각, 무의식적인 생각들이 더 이상 숨지 않고 드러나서 여러분의 관심을 끌게 됩니다. 이때 여러분은 감정적으로 대응하면서 심란해집니다. 여러분은 문득 생각이 거기 있다는 것을 깨닫고 기분이 나빠집니다. 그러면서 자신에게 묻습니다. '내가 왜 이런 생각을 하고 있지?'

이렇게 밀고 들어오는 생각들을 다루는 방법은 좋은 생각이거나 나쁜 생각이거나를 막론하고 하나씩 들어오게 하는 것입니다. 그리고 어떤 생각이 들어오든 심란해지지 않겠다고 결심만 하면 됩니다. 어떤 생각이든 생각이 여러분의 삶 전체를 어지럽히지 못한다는 것을 깨닫기 바랍니다. 그렇지 않다면 여러분은 자신이 약하다고 믿고, 생각은 강하다는 의미입니다.

　자신의 과거를 관찰하는 것도 좋은 방법입니다. 그냥 바라보기만 하세요. 여러분은 과거 어느 날 위험에 처한 적이 있었을 것이고, 불안하거나 슬픔에 휩싸인 그때 도와주는 사람도 없었을 것입니다. 그런데 어떻게 되었습니까? 지나갔습니다. 그리고 지금 여기 있습니다. 시간은 가장 힘 있는 정화장치입니다. 지금 여러분은 20년 전과 다른 사람입니다. 성장했습니다. 인생은 여러분이 성장을 원하든 원치 않든 성장하는 과정입니다. 그러니 자신이 계속 성장하도록 준비시켜서 몸과 마음을 편안하게 하세요. 이런 준비를 하지 않는다면 여러분은 계속 스트레스에 시달릴 것입니다. 그러나 이따금 이런 경험도 해야 합니다. 세상에서 가장 혹독한 경험은 여러분에게 가르침을 줄 수 있습니다. 때로는 가장 좋은 경험일지라도 여러분이 준비가 되어 있지 않았다면 아무런 교훈도 주지 못할 수 있습니다. 인생은 앞으로 나아가면서 성장하고 깨달음을 얻는 과정입니다. 그런데 여러분은 자주 그 과정과 일체가 되지 못합니다.

　여러분은 깨달음을 얻은 스와미와 달리 모든 것을 마음에 받아들입니다. 지혜로운 사람은 부정적인 것들을 마음에 받아들이지 않습니다. 만일 여러분이 스와미에게 "이봐, 스와미. 넌 바보야." 한다 해도 그는 이 말을 마음에 담지 않습니다. 그러나 모든 것을 안으로 받아들이는 여러분은 누군가 바보라고 하면 다시는 그 사람을 만나지 않을 것입니다. 스와미는 외부의 그런 부정적인 말들을 안으로 받아들이지 않지만 여러분은 끊임없이 다른 사람들의 영향을 받습니다. 그것은 여러분 내면의 힘이 아직 강화되지 못했기 때문입니다. 내적으로 힘이 확고해지면 여러분은 누구의 어떤 말에도 흔들리지 않을 것입니다. 그러므로 여러분 자신에 관해 탐구를 시작하고 자신의 인격을 확고히 하기를 배우세요.

내면의 힘을 강화하려면 어떤 부정적 생각이 떠오르더라도, 다른 사람들이 무슨 말을 하더라도 맹목적으로 그것을 받아들이지 않겠다는 결심을 하세요. 그러나 이와 동시에 그런 생각이나 말들을 지켜보기로, 들어오게 내버려 두기로 결심하세요. 어떤 사람은 당신이 내일 죽을 것이라고 말하고, 또 어떤 사람은 당신이 언젠가 영향력 있는 인물이 될 것이라고 말할 수도 있습니다. 이 사람은 이 말을, 저 사람은 저 말을 합니다. 이 생각은 당신의 에고를 우쭐하게 하고, 저 생각은 당신의 의지력을 약화시킵니다. 두 생각 다 들어오게 내버려 두세요. 이것들을 그냥 인식하고 있으면 됩니다. 어떤 종류의 생각이 오더라도 생각은 그저 생각일 뿐입니다. 그러니 사소한 생각에 영향을 받아 흔들릴 이유가 없습니다. 그 생각은 당신이 받아들일 때에만 당신에게 영향을 줄 것입니다. 당신은 그 생각들이 마치 당신 생각인 듯 받아들이지 않고 당신을 약화시키게 하지 않고 그저 바라볼 수 있습니다.

무분별한 욕망과 생각을 지니고 이것을 어떻게 정리하고 다룰지 모를 때에는 우리 삶 전체가 이들 욕망과 생각에 의해 움직이게 됩니다. 이런 것을 흔히 '동기부여' 또는 '자극'이라고 부르는데, 사실 이 동기부여의 깊은 면을 실제로 관찰하거나 이해하지는 못합니다. 자신 안에 있는 어떤 것을 바라보는 것에 익숙해지면, 우울한 기분이 들 때도 있지만, 그렇게 심하지는 않습니다. 그리고 좋은 일이 생겨도 엄청나게 좋다고 느끼지도 않습니다. 여러분은 좀 더 균형 잡힌 습관, 긍정적인 것과 부정적인 것 모두에 대한 지나친 과민함과 반응을 버리는 습관을 키워 나갈 수 있습니다.

나는 앞에서 붓다와 화가 난 여인의 이야기를 했습니다. 붓다와 같은 사람들은 깨우침을 주는 유익한 것들은 받아들이고, 도움이 안 되는 것은 부드럽게 거절했습니다. 붓다는 여인이 그에게 오물을 내밀었을 때 화를 내거나 불쾌해하지 않았지만 제자 아난다는 며칠 동안이나 화를 삭이지 못했습니다. 붓다는 오물이나 분노하는 생각을 받아들이지 않았습니다. 이것이 올바른 태도입니다.

마음속에 영원히 지속되는 생각이란 없습니다. 그것은 불가능합니다. 생각이란 것은 마음에 들어왔다가 나가버리기 때문입니다. 그러니 이렇게 들어왔다가 나가는 생각이 여러분의 삶에 영향을 끼치고, 삶을 결정하게 할 이유가 없습니다. 그냥 떠나게 내버려 두세요. 명상 수련을 하기 전에 나는 좋고 나쁜 생각들을 전부 내 마음에 들어왔다 나가도록 허용합니다. 마음에 부정적이고 긍정적인 흔적을 남기는 부정적이고 긍정적인 생각들을 여러분은 제어할 수 있습니다. 이런 생각들은 실현되지 않으면 힘을 잃고 소멸합니다.

생각들이 오고 가게 내버려 두세요. 어떤 생각을 마음에 붙잡아 두고 싶어도 그렇게 할 수 없습니다. 다른 생각이 들어오면서 그 생각을 밀어내기 때문입니다. 지금은 남편을 생각하지만 조금 후에는 아이들 생각을 하게 됩니다. 그 다음에는 집을 생각할 것이고 이어서 자동차를 생각하게 될 것입니다. 수많은 생각들이 오고 가는데, 각각의 생각은 뒤이어 오는 다른 생각에 의해 밀려납니다. 생각은 끊이지 않고 이어지는 열차입니다. 그냥 가게 하세요.

그런데 조금 다른 경우가 있습니다. 어떤 생각이 들어오면 잠을 자고 싶다는 생각이 들기 시작합니다. 이럴 때에는 눈을 감으면 안 됩니다. 생각을 막거나 피하기 위해 잠을 자면 안 됩니다. 눈을 감고 잠들면 마음에 저장된 생각과 이후에 마음으로 들어오는 모든 생각을 주시할 수 없게 됩니다. 어떤 특별한 생각이 들어왔다 나가고, 다시 들어오고 나가면서 반복되더라도 그 생각에 관심을 보이지 않으면 결국 다시 들어오는 일은 없을 것입니다.

이 훈련에서 가장 먼저 해야 할 것은 들어오는 생각들이 나가게 내버려 두는 것입니다. 두 번째는 중요한 생각을 자신 앞에 가져다 놓는 것입니다. 여러분의 관심으로 채색된 생각들은 여러분을 행동하게 자극하는 생각들입니다. 모든 생각이 그런 힘을 갖지는 않습니다. 생각들이 전부 밖으로 표현되는 것은 아니므로 창의적이거나 도움이 되는 생각인지 판단하고 유익한 것들을 표현하세요. 이건 쉬운 일입니다.

그런데 사람들은 어떤 중요한 생각이 일어나면 이것이 실현되는 상상을 하면서 미리 걱정하거나 미리 즐거워합니다. 한 마디로 상상의 나래를 펴는 것입니다. 생각을 즐기면서 아직 실현하지 않은 것에 탐닉하는 습관을 만들면 안 됩니다. 이것은 위험합니다. 많은 사람이 몽상을 즐기고 빠져드는데, 몽상은 창조적 상상과는 다른 것입니다. 창의적 상상은 어떤 생각이 진행되어, 도움이 된다고 판단했을 때 행동으로 드러나게 하는 것입니다.

나는 명상 수행 중에 생각이 전부 마음에서 나가면 나의 만트라를 시작합니다. 여러분은 수행 시작부터 만트라를 시작하려고 하는데, 아직 마음에는 여러분이 관심을 갖지 않았지만 여러분과 대화하려고 기다리는 생각들이 있습니다. 그렇기 때문에 여러분이 만트라 암송을 하는 중에도 마음에는 생각들이 오고 갑니다. 그래서 내면에 전쟁이 일어납니다. 이건 도움이 되지 않고, 이렇게 해서는 안 됩니다. 여러분이 내가 알려 준 기법을 규칙적으로 성실하게 그리고 정확하게 적용한다면 여러분은 명상을 아주 즐겁게 할 수 있을 것입니다.

명상은 중요합니다. 그러나 명상을 위한 준비, 즉 시작 자세, 명상 후에 할 것을 인식하는 것, 하루 종일 명상을 지속하는 방법 등을 훈련하는 것도 중요합니다. 여러분은 이렇게 배운 것을 일상생활에서 반드시 실천해야 합니다.

마음을 이해하고 다스리는 노력을 해야 합니다. 먼저, 여러분이 잘못 하고 있는 것을 알아내야 합니다. 그런 다음 마음을 위한 새로운 길을 만들어서 잘못 만들어진 옛길로 흐르지 않도록 하고 새 길로 흐르게 해야 합니다. 자기 자신에게 자문하고 자신과 대화하세요. 정신적으로 자신과 이야기하는 것을 배우세요. 가만히 앉아서 자신과 이야기를 나누면서 여러분이 어떤 행동을 하는 이유를 물어보세요. 여러분은 수없이 자기 자신에게 말할 것입니다. "나는 이렇게 하고 싶지 않은데 계속하고 있어. 이제는 일상적인 일이 되었어." 여러분은 이것이 습관이 만들어지는 과정임을 알 것입니다. 여러분은 어린 시절에 형성되기 시작해 이제 여러분의 일부가 된, 해결하기 어려운 나약함에서 벗어나 자유로워지는 방법을 배워야 합니다.

마음을 다루는 방법이 두 가지 있는데, 하나는 내면 상태를 자세히 관찰하는 것이고, 또 하나는 치료 전문가에게 가는 것입니다. 치료를 받을 때 가장 중요한 다섯 가지는 첫째, 솔직함이고, 둘째, 욕심을 부리지 말아야 하며, 셋째는 이해, 넷째는 마음의 흐름을 주시하는 능력, 그리고 다섯째는 치료받는 사람의 치유 의지입니다. 이 다섯 가지 조건은 다른 치유 과정에서도 반드시 필요합니다.

내면 관찰을 하려면 앉아서 자신이 무슨 생각을 하고 있는지 주시합니다. 그런데 사람들은 자신의 나약함을 이미 알고 있고 그것을 숨기려고 애를 씁니다. 자기 자신을 대면하지 못합니다. 두렵기 때문에 자신을 알고 싶지 않은 것입니다. 자기 자신을 숨기고 드러내지 않으면 치료사는 여러분을 치료할 수 없습니다.

치료 과정에서 당신은 진실해져야 합니다. 치료자와 치료받는 사람 모두 솔직함을 기반으로 치료에 임해야 합니다. 그런데 불행하게도 항상 그렇지는 않아서 치료에 효과를 보지 못하는 경우가 많습니다. 15년 동안이나 치유사에게 다니고 있지만 아무 효과가 없다고 말하는 사람도 있습니다. 때로 치유받는 사람들이 치유사에게 너무 의존하게 되어서 치유사 없이는 아무것도 하지 않거나 결정을 내리지 못하게 됩니다. 이런 정도의 의존상태는 오히려 해롭습니다.

치유사가 필요하다고 생각하더라도 자신의 문제를 해결하기 위해 매일 카운슬러나 치유사를 찾아갈 수는 없습니다. 그 대신 자기 자신을 상담하는 것을 배울 수 있습니다. 이것은 영적 스승의 실제 목적입니다. 내면을 상담할 줄 하는 스승들은 먼저 자신을 도울 수 있고, 자신을 도움으로써 남을 도울 수 있습니다. 이런 과정에서 제자와 스승은 모두 충실함과 정직함을 가지며, 세속적인 것과는 완전히 다른 관계를 맺습니다. 영적 스승은 자신이 지닌 풍부한 지식과 지혜를 전부 제자들에게 전할 것입니다. 위대한 사람들이 "지혜와 진리는 세상에서 가장 무거운 짐이다. 아무도 이 짐을 지니고 갈 수 없다."고 한 이유가 거기에 있습니다. 스승은 그것을 누군가에게 넘겨주어야 하고, 그는 학생들에게 그것을 줍니다.

여러분은 "학생이 준비를 갖추면 스승이 나타난다."는 말을 들어보았을 것입니다. 진리를 전하려고 세상을 방랑하는 많은 현자들이 있습니다. 이들은 진리를 전해 주고 싶지만 준비된 학생을 찾지 못하고 있습니다. 복된 사람은 깨달음을 얻은 사람이고, 가장 복된 사람은 가르침을 받을 준비가 된 사람들입니다. 스승과 학생이 나누는 대화를 우파니샤드*upanishad*라고 부릅니다. 한 사람은 배우기를 원하고 다른 한 사람은 가르치기를 원하며, 두 사람은 배우기와 가르치기에 전념합니다. 둘 사이에는 아주 특별한 충심과 성실함이 존재합니다.

치료사와 환자 사이도 이런 신념이 어느 정도 존재합니다. 그러나 치료사는 수입이 필요해서, 환자는 자신의 약한 부분을 드러내

보이고 싶지 않아서 쌍방이 완전히 솔직하지 않을 때가 있습니다. 그러므로 이런 대화는 영적 스승과 제자 사이의 진실한 대화만큼 항상 효과적이지는 않습니다.

여러분이 이해해야 할 점이 또 있는데, 외부세계의 영적 스승은 책임감을 갖는다는 것입니다. 그런데 스승의 책임감은, 모든 사람이 지식을 받아들이는 침묵의 길로 제자를 인도할 때 끝을 맺습니다. 그러므로 치료사나 교사에게 너무 많이 의존하는 것은 좋지 않습니다. 치료사와 교사는 여러분이 건강하고 행복하고 자립적이 되도록 돕기 위해 존재합니다. 이렇게 되지 않는다면 여러분의 구루나 치료사를 떠나세요. 그들이 여러분을 돕지 않고 있거나 여러분이 그들의 조언을 듣지 않고 있는 것입니다.

현자들은, 세상에서 가장 큰 망원경이라도 우리 내면을 들여다볼 만큼의 기능을 갖고 있지 못하다고 말합니다. 내면의 지혜를 키우는 데에 외부의 모든 수단을 이용하려 해도 아무런 성과를 얻지 못합니다. 내면의 지혜를 얻기 위해서는 이런 외적 방편을 버리고 그 대신 내면의 진리에 접근하는 방법을 배워야 합니다. 만일 여러분이 진지한 학생이 되어 전념하면서 내면에서 지식을 받기를 원한다면 여러분은 마침내 내면의 자아와 대화를 시작할 수 있을 것입니다. 가장 훌륭한 친구는 자기 자신이며, 내적 대화를 할 수 있게 되면 자신을 두려워하는 일은 절대로 없습니다. 또한 세상 그 누구도 두렵지 않을 것입니다.

그렇다면 어떻게 자기 자신과 대화를 시작할까요? 먼저 한 가지 중요한 질문을 자신에게 던집니다. "내 처음 생각이 좋은가 나쁜가? 분명한가 애매한가?" 때로는 처음 생각이 도움이 되기도 하고, 때로는 두 번 생각하고 나서 이 두 번째 생각이 제시하는 대로 행동한다면 그것이 더 낫기도 합니다. 이것은 스스로 분별해야 합니다. 처음 생각이 여러분을 바르게 이끄는가? 또는 두 번째 생각이 여러분을 더 확실하게 이끄는가? 세 번째 생각이 여러분을 혼란하게 하는가, 명료하게 이끄는가? 이렇게 하는 것이 여러분의 마음이 어떻게 작용하는지 관찰하면서 자기 자신에 대해 배울 수 있는 방법입니다. 자신과 대화를 나누면서 마음이 조언하는 것을 언제 믿어야 하는지 분별하게 됩니다.

때로는 여러분이 갖는 의심을 의심해 보아야 합니다. 여러분은 어떤 사람이 좋은 사람인지 나쁜 사람인지 의심하며 주변을 둘러보고 사람들을 분석합니다. 그러나 여러분은 자신의 생각을 살피고 자신이 지닌 의심을 의심해 보라고 여러분 자신에게 요구해야 합니다. 사람들의 부정적인 면을 볼 수 있듯이 여러분은 그들의 긍정적인 자질도 볼 수 있습니다. 여러분은 의혹을 가지고 사람들의 부정적인 면과 긍정적인 자질을 전부 볼 수 있습니다. 여러분은 자신에게 내재한 신성(사랑으로 드러나는), 인간성, 동물적 본성 중에서 어느 인식능력과 정신적 태도가 향상되기를 원하세요?

자기 자신과 다른 사람들에게 항상 정직해야 합니다. 거짓말을 하고 곧 그런 자신을 미워하면서 여러분은 의지력과 결단력을 잃게 됩니다. 그러면서 자신에게 상처를 줍니다. 사람들에게 거짓말을 하면 그들이 여러분을 깨우쳐 줄 것이지만, 자기 자신에게 거짓말을 하면 그런 도움을 받을 수 없습니다. 좋은 사람들도 자신에게 거짓말을 할 수 있습니다. 사랑을 베풀고 기꺼이 남을 돕는 대단히 훌륭하고 점잖은 사람들조차 지속적으로 자신에게 거짓말을 할 수 있습니다. 이런 일을 피하기 위해서는 자기 내면의 모든 차원을 이해해야 합니다.

무의식의 마음을 이해하려면 집중해서 자기 자신을 지켜보면서 점차적으로 다루어 나가야 합니다. 자신을 거칠게 밀어붙이면 안 됩니다. 마음은 강물과 같아서 마음에 흐르는 생각을 멈출 수 없습니다. 비버가 강물의 흐름을 막으려고 애쓰는 것처럼 만일 여러분이 얼마 동안 생각의 흐름을 가두려고 댐이나 저수지 같은 것을 만들려고 애를 쓴다면 결국 엄청난 재앙이 일어날 것입니다. 그러니 생각을 멈추거나 억누르려고 애쓰지 마세요. 마음을 이해하고 제어하려는 데에서 그런 노력은 잘못된 방식입니다.

우리에게 본래부터 지닌 문제는 없습니다. 그리고 여러분이 오늘 마주한 문제는 다른 사람들이 만들어 준 것이 아닙니다. 여러분의 문제를 잘 살펴본다면 그것이 여러분 자신이 만들어 낸 문제라는 것을 깨달을 것입니다. 자기가 문제를 만들어 놓고 다른 사람들을 혼란스럽게 하면서 그들에게도 문제를 일으킵니다. 이것은 여러분이 타인과의 관계에서 여러분 스스로 문제를 만든다는 의미입니다.

살면서 생기는 문제들을 해결하자면 사람들과의 관계 안에서 문제를 바라보아야 합니다. 이렇게 하려면 자신과 싸울 것이 아니라 자신에게 인식시키는 것이 문제 해결을 배우는 비결입니다. 또 하나의 비결이 있는데, 그것은 여러분의 힘이 어느 정도인지는 세상에서 여러분이 맺는 관계에서 알 수 있습니다. 자신을 자꾸 고립시키면 여러분은 계속 위축됩니다. 욕심을 버리고 자신을 자꾸 확대해 나가고 타인의 행복에 관심을 넓히면 여러분의 삶은 점점 더 즐거워집니다.

"자선은 가정에서 시작된다."는 말은 세상의 축소판인 가정에서 자신의 관계를 올바르게 하는 것부터 배워야 한다는 뜻입니다. 가족은 작은 세상입니다. 여러분은 이 작은 세상에서 자신의 능력을 시험하고 있으며, 이것이 여러분의 첫 시험 무대입니다. 이렇게 가족에서 이웃으로, 그리고 자신이 살고 있는 지역으로, 더 나아가 지방과 나라로 무대를 점점 확장해 나갑니다. 그리고 마지막으로 전 인류에게 생명력을 불어넣는 내면의 중심에 다다릅니다.

여러분은 살면서 이렇게 자신의 능력을 확장해 나갈 많은 기회를 만날 것입니다. 그러니 자신을 아는 것부터 시작하세요. 남들이 하는 일을 지켜보면서 에너지를 낭비하지 마세요. 그들이 하고 있는 일에 감사하고, 하지 않는 것은 비난하거나 비판하지 마세요.

자신을 세상과 분리하지 마세요. '나는 깨달음을 얻을 거야.'라는 생각으로 자기중심적인 사람이 되어서는 안 됩니다. 깨달음을 원하면서 세상과 멀어지는 것은 삶의 목적을 이루는 것이 아닙니다. 여러분 삶의 목적은 세상 안에서 살면서도 세상을 뛰어넘는 차원에 머무는 것이며, 이것은 실현 가능한 일입니다.

내가 대학에 다닐 때, 스와미로 행복하게 사는 나를 본 한 친구가 나처럼 집을 떠나 스와미가 되었습니다. 어떤 점에서 그는 내가 부러웠던 것입니다. 친구는 나를 보며 '어쩌면 저렇게 행복할 수 있을까? 모든 것을 버리고도 저렇게 편안하고 행복해 보이다니!'라고 생각하며 가족을 포기하고 집을 떠난 것이었습니다. 삼사 년이 지난 어느 날 우리는 다시 만났고, 동굴수련처에서 그날 밤 함께 지냈습니다. 그때는 겨울이어서 나뭇가지를 주워서 불을 피웠습니다. 그리고 내가 "이제 명상을 하자."고 했더니 그 친구는 침통한 얼굴로 이렇게 말했습니다. "나는 명상을 할 수가 없어. 우리 집에서 행복했던 때가 자꾸 생각나서 아무것도 할 수 없어."

세상 것을 포기하는 것은 도움이 안 된다는 사실을 깨닫는 게 중요합니다. 실천은 도움이 되지만 포기는 그렇지 않습니다. 수련을 잘할 줄 알면 영적 성장에 도움이 될 것이지만, 두려워서 또는 잘하지 못해서 뭔가를 포기한다면 그런 포기는 아무런 도움이 되지 않습니다. 자신이 '포기'한 것이 자꾸 생각난다면 나중에 어려움을 겪게 될 수도 있습니다.

깨달음을 얻고자 하더라도 자기가 처한 위치에서 해야 할 의무는 다해야 합니다. 외부 환경을 바꿀 필요는 없습니다. 정말 필요한 것은 자신의 품성을 바꾸는 것입니다. 자기가 하는 일에 지장을 주지 않는 상태로 아침부터 저녁까지 자신을 변화시켜 나가야 합니다. 의무를 내팽개치고 조용히 앉아서 명상을 한다면 누군가에게 피해를 줄 수도 있습니다. 구도의 길에서, 미숙한 학생들은 종종 다른 사람들을 화나게 하고 상처를 줍니다. 이것은 에고의 문제입니다.

얼마나 너그럽고 온화하게 사람들을 대하는지가 중요합니다. 깨우침을 얻게 될수록 여러분은 점점 온화해집니다. 그러면 모든 것이 드러나고 여러분의 온화한 마음과 태도로 인해 모든 것을 깨우치게 될 것입니다. 온화함은 나약함이 아니라 오히려 제일 강한 힘입니다. 왜냐하면 사랑은 여러분이 지닌 것 중에 제일 강력한 것이기 때문입니다. 너그러움과 친절함, 용서와 사랑, 이 네 가지가 온화함을 구성하는 요소입니다. 온화한 사람은 매우 강한 사람입니다.

　자기 의무를 소홀히 하지 않고 자신을 다스리는 작업을 어떻게 할 수 있을까요? 30일 동안 30가지 목표를 하루 하나씩 실천하는 방법이 있습니다. 아주 간단합니다. 작은 목표를 세우고 꾸준히 합니다. 가령, 오늘은 거짓말을 하지 않겠다는 결심을 합니다. 오늘 안 했으니 내일은 두 배로 거짓말을 해도 된다는 의미는 아닙니다. 오늘 생각하는 모든 것을 이 목표와 연결하는 것입니다. 오직 진실만을 말하겠다고 단언할 수는 없습니다. 거짓말을 의식적으로 하지 않겠다는 결심만 하면 됩니다.

　"이제 거짓말을 하지 말아야지." 하고 마음먹으면 갑자기 거짓말을 하게 되는 상황이 생길 것입니다. 이것은 여러분의 본성, 오랫동안 무의식적으로 키워 온 여러분의 본성의 일부를 억누르려고 하기 때문에 생깁니다. 여러분의 모든 행동은 무의식적으로 결과를 낳습니다. 이것은 구덩이를 파고 있으면 그 옆에 흙더미가 만들어지는 것과 같습니다. 구덩이 파는 것을 멈추고 보면 자신이 구덩이와 흙더미를 동시에 만들고 있다는 사실을 알게 되는 것입니다.

　다음날은 "누구에게도 불친절하게 하지 말아야지." 하는데, 곧 이 결심을 방해하는 온갖 일이 일어납니다. "오늘은 모든 이를 사랑하고 아무도 미워하지 않겠다."고 결심하는 날에는 모든 원수들이 당신에게 옵니다. 그들은 전화나 문자를 통해 오고, 여러분에 대해 쑥덕거리는 소리를 들을 수도 있습니다. 젊은 시절, 내게도 이런 일이 있었고 나는 몹시 마음이 상했습니다. 어떤 사람이 내게 불쾌한 편지를 보내왔고, 내가 언짢아하자 스승님은 내게 무슨 일이 있냐고 물었습니다. 스승님은 내가 수은 같다 하시면서 '온도계'라고 부르셨습니다.

스승님께서 "온도계야, 무슨 일이냐?" 하고 물으셨고, 나는 "이 불쾌한 편지 좀 보세요." 했습니다.

스승님께서는 이렇게 말씀하셨습니다. "그 편지에 그렇게 불쾌한 반응을 보이면서 너 자신을 더 불쾌하게 만들고 싶으냐? 그건 옳은 대응이 아니다. 그 편지를 여섯 번 읽어라. 그러면 그 안에 불쾌한 것이 전혀 없다는 것을 알게 될 것이다." 그래서 나는 편지를 읽고 또 읽고 반복해서 읽었습니다. 스승님은 그런 것에 즉각적인 반응을 하지 말라고 하셨고, 나는 엿새 후에 그것을 담담하게 받아들일 수 있었습니다.

30일 동안 30가지를 하기로 결심했다면 달력에 표시를 하고 아무에게도 말하지 마세요. 달력을 보면서 30일이라는 기간에 여러분이 해낸 것을 보는 것입니다. 중요한 것은 여러분이 거짓말을 했는지 안 했는지가 아니라, 여러분의 의지력을 키웠다는 사실입니다. 이것이 의지력을 키우는 과정입니다. 30일 후에 여러분은

"그래, 나는 하고 싶은 것을 해냈다."라고 결말을 지을 수 있을 것입니다. 그러나 실천하기 어려운 큰 목표를 선택하지 마세요. 좌절할 것입니다. 대신 작은 것을 목표로 하세요.

만일 하루 동안 말을 거의 안 하고, 단지 정확하고 의미 있고 상처를 주지 않는 말만 하겠다고 결심한 날에도 여러분은 사람들과 말은 계속 하겠지만, 이 목표를 세우는 것으로 여러분의 의지력은 강화될 것입니다. 의지력을 향상시키고 나면 자신감이 훨씬 커질 것입니다. 높은 자신감을 갖게 되면 여러분은 무슨 일이든 할 수 있습니다. 나쁜 습관에 항복하면 안 됩니다. 이 전투에서 싸워야 하고 일생 동안 싸움은 계속해야 합니다. 하루만 하는 전투가 아닙니다. 여러분 자신을 알아 가는 작업에 실패했다고 인정하는 그 날은 여러분이 삶의 무대에서 완전히 사라지는 날입니다.

'나는 나쁜 사람이다, 나약하다, 불완전하다'는 생각들을 받아들이지 마세요. 여러분은 인간입니다. 나쁘다, 좋다 하는 생각에 매이는 것은 습관 때문입니다. 외부의 어려움에서 비롯되었든 자신의 부정적 생각에서 비롯되었든 패배를 받아들이지 말고 전진하면 결국 극복할 것입니다. 여러분은 의지력으로 이루어 낼 수 있고, 여러분에게는 이 의지력이 있습니다. 마음을 하나로 모을수록 집중력이 높아지고, 의지력도 더욱 강해질 것입니다. 관대한 마음으로 행동을 거듭할수록 내면의 힘이 강해집니다. 이런 내면의 힘을 가졌을 때 여러분은 신체적 고통에서 벗어나게 될 것입니다. 몸이 고통을 겪더라도 여러분은 고통을 느끼지 않을 것이며, 육신이라는 옷에서 벗어나 아무런 영향을 받지 않는 날이 올 것입니다.

그러니 강해지는 법을 배워야 합니다. 내면의 모든 힘의 원천에서 힘을 얻는 법을 배우세요. 의지력은 자신감의 본질입니다. 자만해서는 안 되지만 자신감을 잃어서도 안 됩니다. 자신감은 여러분 자신을 관찰하고, 자신의 능력을 주시하고, 의지를 굳건히 한 다음에 옵니다. 이것이 진정한 인격적 힘을 갖게 되는 방법입니다. 그런 다음에 여러분은 무엇이든 성취할 수 있습니다.

은총에는 네 가지가 있습니다. 먼저 구루의 은총, 경전의 은총, 신성의 은총 이 세 가지가 있습니다. 그런데 이 세 가지는 여러분 자신의 은총이 있어야만 여러분을 돕습니다. 세 가지는 자신의 은총에 달려 있습니다. 지금 여러분의 마음은 먼지로 뒤덮여 있습니다. 그냥 먼지만 털어내도 마음은 깨끗해질 것입니다. 그러니 열심히 노력해야 합니다. 50퍼센트의 노력만 하더라도 그 힘의 나머지 50퍼센트는 하늘에서 내려올 것이며 이것이 넷째 은총입니다.

왜 어떤 사람은 은총을 받고 어떤 사람은 못 받을까요? 은총을 받은 사람들은 열심히 노력했기 때문입니다. 은총을 받은 그들은 진지한 노력을 다했기 때문입니다. 왜 어떤 사람들만 사마디에 들었을까요? 그들이 "신이시여, 제가 할 수 있는 것은 열심히 다 했습니다. 이제 저는 이 육신을 가지고 할 수 있는 것이 더 이상 없습니다."라고 말하는 순간 은총이 내려오기 때문입니다. 여러분의 모든 힘과 의지력으로 노력했을 때 도움이 위에서 내려옵니다. 이것이 '하강하는 힘'입니다. 여러분이 지닌 상승하는 힘을 전부 사용하고 나면 은총의 힘이 하강합니다.

신의 은총은 빛입니다. 태양이 그곳에 있고, 달이 그곳에 있으며, 세상의 모든 빛이 그곳에 있습니다. 여러분이 자신만의 은총을 입는 순간 신의 은총도 함께 있습니다.

제7장
직관과 붓디의 지혜 키우기

 직관은 내면의 지혜로 가는 통로입니다. 이것을 이해하자면 먼저 지식을 받아들이는 길을 이해해야 합니다. 인간에게는 지식을 받아들이는 길이 세 가지 있는데, 그것은 감각, 본능, 직관입니다.

 감각으로 받아들일 때 '개념화'라는 과정이 우리 내면에서 일어나고, 우리는 지적 개념을 만들어 냅니다. 그런 다음 감각은 이렇게 만들어진 개념에 일치하는 정보에 반응하고 정보를 받아들이고 인지합니다. 우리가 개념 또는 범주를 만들어 내고 이것이 다른 감각적 경험을 체계적으로 정리합니다. 그러나 불행하게도 감각을 통해 받아들이는 지식은 깊이가 없고 하찮으며 불완전한 것들입니다.

지식을 얻는 두 번째 길은 본능입니다. 그런데 인간은 동물과 같은 방법으로 본능을 발휘하지 않습니다. 동물의 행동은 전부 자연의 지배를 받지만 인간의 많은 행동은 그렇지 않습니다. 인간으로서 우리는 어떤 점에서 본능에 대한 민감성을 잃어버렸다고 할 수 있습니다. 우리 인간은 자연과 그 섬세한 기능에 민감하지 않기 때문에 본능적 지식에 지속적으로 접근하지 못합니다.

세 번째 길 직관은 우리를 참지식, 영원한 지식으로 이끌어 줍니다. 현대사회에서 여러분은 외부 지식만 이해하는 훈련을 받아 왔지만, 사실 그 지식은 불완전합니다.

위대한 시인, 성자, 현자들은 마음과 감각을 통해 지식을 얻는 일반적인 통로를 이용하지 않습니다. 위대한 시인 타고르Tagore는 자주 이렇게 말했습니다. "나는 마음으로 지식을 받아들이지 않고 통찰을 통해 지식을 받아들입니다." 타고르는 먼저 사물의 내면을 보았을 것입니다. 이렇게 내면을 보는 통찰이 그의 영감을 불러일으키고 그러면 그는 통찰에 근거해서 행동했을 것입니다.

여러분은 사물을 있는 그대로 보지 않고, 전체가 아닌 부분만 봅니다. 이런 이유로 지혜를 지닌 고대의 위대한 인물들을 '보는 자'seer라고 부르는 것입니다. 그들은 사물의 본질을 보았고 알았습니다. 그래서 보고 이해한 것을 설명했습니다. 고대의 보는 자들은 사물을 조각조각 보지 않고 본질, 그 전체 안에서 사물을 보았습니다.

    감각의 개념 과정으로는 이 차원의 지혜를 보지 못할 것입니다. 감각으로 사물을 보면 그것은 사물의 실상을 본 것이 아닙니다. 대상을 보는 각도를 바꾼다면 다르게 보일 수 있고, 각도와 시간에 따라 다르게 보인다면 그 대상에 대한 설명이나 경험은 불완전하고 부분적일 수밖에 없습니다. 시간에 따라 다르게 사물을 묘사한다면 사람들은 당신의 개념을 이해하기 어렵고, 그들은 당신의 개념과 전혀 다른 개념을 가질 수도 있습니다.

    감각을 통해 전달되어 받아들이는 지식은 깊이가 없고 불완전합니다. 이래서 여러분 마음에 항상 의혹이 있습니다. "내가 제대로 하고 있는 걸까? 내가 옳게 한 거야?" 외부의 확인이 필요하고, 정확하게 했다는 증거가 필요합니다. 여러분의 감각 개념이 완전히 정확하지 않고 이것으로는 안전할 수 없기 때문입니다. 외부세계에서 정보를 받아들이고 이 정보로 세상에서 역할을 하기 위한 능력이 부족한 이 마음은 열 가지 감각을 이용해야 합니다. 이 가운데 다섯 가지는 미세한 수용 감각으로, 보고 냄새 맡고 접촉을 느끼고 맛보고 듣는 감각입니다. 다른 다섯 가지는 거친 감각, 즉 행위 감각인 손, 발, 말하기, 그리고 배설기관과 생식기관입니다. 마음은 이 열 가지 감각을 이용합니다. 마음으로 들어오는 것은 전부 이들 열 가지 감각을 통해 걸러집니다. 여러분은 이렇게 받아들인 정보를 바탕으로 행동을 취하는 것입니다.

우리는 감각의 본성을 바꿀 수 없습니다. 우리가 잠에서 깨는 순간 마음이 감각을 사용합니다. 감각이 거기 있고 영구적으로 마음에 고용되었기 때문입니다. 이 조건을 피하기는 불가능합니다. 때로 여러분은 이런 생각을 합니다. '바람이 그치고 옆집에서 나는 소음도 그치면 그때 명상을 해야지.' 그러나 외부세계의 소리는 항상 있을 것입니다. 예를 들어, 인도에는 말과 황소가 끄는 도르래를 설치한 우물에서 물을 길어 먹습니다. 도르래가 움직일 때는 소리가 납니다. 한번은 말 주인이 말에게 물을 먹이고 싶어서 우물가에 끌고 왔습니다. 말은 목이 말라서 물을 먹고 싶었지만 도르래 소리에 놀라 뛰어오르려고 했습니다. 말 주인은 우물 주인에게 "내 말이 물을 마시도록 이 소리를 멈추게 해 주시겠습니까?"라고 청했습니다. 그러나 우물 주인은 "이 소리가 멈추면 물을 끌어올릴 수 없습니다."라고 대답했습니다.

여러분은 온 세상이 잠잠해지기를 기다리고 그때가 되면 명상을 할 수 있다고 생각하겠지만, 천만에요! 여러분은 외부 상황을 있는 그대로 받아들여야 합니다. 공항 근처에 살고 있는 사람들은 하늘에 비행기가 몇 대나 떠다니는지 쳐다보지도 않습니다. 그러나 그곳에 처음 간 사람은 너무 시끄럽다고 느낄 것입니다. 공항 옆에 있는 많은 집에 사람들이 살고 있지만 그들에게는 비행기가 이착륙하는 소리가 더는 들리지 않습니다. 여러분이 마음을 훈련하는 법을 익히면 소음공해에서 쉽게 벗어날 수 있습니다. 마음을 정화하기 위해서는 마음을 훈련하는 법을 배워야 합니다.

성자들과 명상 교사들은 여러분에게 반드시 명상을 하고 붓디를 예리하게 연마해야 한다고 말합니다. 왜 그렇게 말하고 또 예리하게 갈아야 할 것은 무엇일까요? 이렇게 말하는 데에는 중요한 이유가 있습니다. 물리학을 공부하면 외부세계에 있는 것이 전부 움직이고 있다는 것을 배우게 됩니다. 모든 것이 움직입니다. 여러분이 어딘가에 앉아서 가만히 있다고 생각해도 사실 여러분은 움직입니다. 모든 것이 끊임없이 변하고 있습니다. 그러니 여러분의 개념이 어떻게 완전히 정확하다고 할 수 있겠습니까? 계속 움직이고 있는 것을 마음이 정확하게 기록할 수는 없습니다. 외부세계의 움직임을 우리는 멈출 수 없습니다. 이것이 현실입니다. 여러분이 할 수 있는 것은 단 한 가지입니다. 마음을 맑게 하는 것입니다. 이는 마음의 주요 기능들의 관계에 대해 이해를 확실히 한다는 뜻입니다. 그 주요 기능은, 지각과 움직임을 관장하는 마음인 마나스, 지성인 붓디, 에고인 아함카라, 모든 지식이 흘러들어와 기억으로 저장되는 칫타입니다.

우리의 지식은 단지 명칭과 형태로 한정되어 있습니다. 명칭과 형태에 국한된 모든 지식은 깊이가 없습니다. 왜냐하면 형태는 변하는 것이기 때문입니다. 형태가 변하면 명칭도 변합니다. 세상에서 여러분이 겪는 혼란스러움은 여러분의 지식이 계속 변하는 형태와 명칭에 국한되어 있기 때문입니다. 노인을 보고 "꼬마야, 참 귀엽구나."라고 말하는 사람은 없습니다. 그러나 그 노인도 어린아이였던 때가 있었습니다. 노인이 어린아이였을 때 해 준 입맞춤과 같은 식으로 노인에게 입맞춤을 하고 싶은 사람은 없습니다. 형태는 변하고, 이에 따라 명칭도 바뀌며, 우리의 반응도 바뀝니다. 노인도 한때는 어린아이였으나 시간이 흘러 노인이 되었습니다.

이 지속적인 변화로 형태도 수없이 새롭게 변하고, 변화한 형태는 새로운 명칭을 갖습니다. 우리는 명칭과 형태의 세계에서 살고 있습니다. 우리는 평생 이런 특별한 형태나 저런 특별한 명칭 등 형태와 명칭에 속해서 삽니다. 어떤 특별한 형태가 있으면 우리는 그 형태에 이름을 부여합니다. 그러나 외부세계의 모든 것이 변화와 죽음과 소멸의 대상이므로 모든 것은 변해 갑니다.

또 다른 이유가 있습니다. 바로 마음 자체가 맑지 못하기 때문입니다. 흐린 마음은 옳고 그름을 분별하지 못하고, 결정을 내리지 못합니다. 외부세계의 모든 것이 움직인다는 사실은 우리가 바꿀 수 없지만, 적어도 흐린 마음을 맑게 하는 것은 우리가 할 수 있습니다. 마음이 맑아지면 외부세계에서 변화하는 움직임이 아무리 빠르더라도 마음으로 기록할 수 있게 됩니다.

마음과 감각으로 사물을 제대로 기록하지 못하는 이유가 세 가지 있습니다. 하나는 감각이라는 도구가 완벽한 수신기관이 아니라는 것이고, 둘째는 외부세계의 모든 것이 너무나도 빠르게 지나가기 때문이며, 셋째는 설령 감각이 완전하고 외부세계의 움직임이 없다 하더라도 마음 자체가 뿌옇게 흐리기 때문에 세상을 명확하게 기록할 수 없습니다.

아내와 자녀와 집이 있고, 세상의 모든 안락함을 누리는 한 남자가 있었습니다. 아이들은 성장했으므로 그는 삿상(*satsanga*, 영적 집회)에 참석하고 스와미와 요기를 방문하면서 그들의 설교를 듣곤 했습니다. 사람들은 전부 깨달음에 대해 그리고 히말라야의 아름다움에 대해 이야기했습니다. 그래서 그는 "깨달음만이 삶에서 추구할 가치가 있는 것이다."라고 판단하고, 아내에게 말했습니다. "여보, 나는 이제 늙었소. 내 나이 팔십이오. 당신은 내게 헌신적인 아내였고 동반자였으며, 나는 당신을 존중하고, 존경하는 마음을 다해 당신을 사랑하오. 그런데 나는 깨달음을 얻고 싶소. 내가 떠나도록 허락해 주겠소? 아이들과 친지들이 당신을 돌봐 주지 않겠소?"

아내가 대답했습니다. "네, 떠나세요. 그런데 한 가지 조건이 있어요. 당신이 깨달음을 얻은 후에는 내게 돌아와 알려 주세요."

그는 "그러겠소. 진심으로 약속하오. 당신은 나의 동반자요. 내가 경험한 것을 당신에게 전해 주겠소."라고 말했습니다.

인연을 끊는다는 것은 집이나 아내나 아이들이 자신의 것이라고 주장하려고 다시 집으로 돌아오지 않는 것입니다. 아내가 허락한다면 모든 것과 인연을 포기할 권리가 있지만, 아내가 허락하지 않는다면 그것은 탈출하는 것, 도망치는 것입니다. 포기란 먼저 자신이 가진 것이 있은 다음에 하는 것입니다. 그래서 이 남자는 가족을 포기하고 집을 떠났습니다. 그런데 이 사람의 생각과 마음은 수련되지 않은 상태였습니다. 남자는 그날 밤 길을 가다가 길 맞은편에서 귀신을 보았고 두려워졌습니다. 그의 마음에 아직 두려움이 존재했습니다. 가정을 포기하고 출가한다고 했지만 두려움은 버리지 못했던 것입니다. 참다운 지식이나 지혜도 전혀 갖지 못했습니다. 그는 발길을 돌려 집을 향해 걸으면서 '가족을 포기한다고 벌써 말해 버렸는데 아내와 아이들에게 뭐라 말하지?' 하는 생각이 들었습니다.

이 남자의 에고는 너무나 강했기에 '아내에게는 뭐라고 해야 하나? 나는 이미 출가했는데.'라고 생각하다가 발길을 돌려 히말라야로 향하는 길을 가는데 다시 귀신이 보였습니다. 그는 또다시 집으로 발길을 돌려서 가다가 어쩌면 이제는 귀신이 사라졌을지도 모른다고 기대하며 발길을 돌렸지만 귀신은 여전히 그곳에 있었습니다. 이렇게 몇 번을 왔다 갔다 하다 보니 새벽 네 시가 되었고, 아직 어두웠지만 귀신이 무서워서 그는 더 이상 앞으로 나아갈 수 없었습니다. 그래서 집으로 향하려는데 이번에는 길 위에 있는 뱀이 보였습니다.

그때 길을 따라 여행하는 어떤 현자가 다가와서 물었습니다. "이보게, 무슨 일이 있는가?"

남자는 "선생님, 저는 출가한 몸입니다."라고 대답했습니다.

현자는 "자네가 출가했다는 것은 알겠네. 그런데 자네는 공부나 수행을 전혀 하지 않은 것 같군! 무엇이 문제인가?"라고 물었습니다.

남자는 대답했습니다. "제 뒤에는 뱀이 있고 제 앞에는 귀신이 있어서 그럽니다."

그러자 현자는 함께 길을 가자고 그에게 용기를 주었습니다. 그들이 뱀 가까이 갔을 때 현자는 그에게 뱀을 발로 차라고 했고, 뱀을 발로 차는 순간 그는 그것이 뱀이 아니라 밧줄더미였다는 사실을 깨달았습니다. 그는 감각만으로 사물을 받아들이는 습관이 있었기 때문에 그런 환영을 본 것이었습니다. 감각은 사물의 실상을 있는 그대로 전달하지 않고 부분만 전달합니다. 그는 밧줄더미를 발로 찼을 때에야 비로소 그것이 밧줄더미에 불과하다는 것을 알게 되었고, 자신이 어리석게 느껴졌습니다. 감각이라는 지식의 길 하나만 사용해서 전적으로 의존하고, 그로 인해 일생 동안 어려움을 겪는다는 건 어리석은 일입니다. 우리는 지식을 받아들이는 다른 길을 사용할 줄 알아야 합니다.

그 남자는 현자에게 "이제 됐습니다, 선생님께서 이 문제를 해결해 주셨습니다. 그런데 저 문제는 어떻게 할지 모르겠습니다." 하면서 귀신을 가리켰습니다. 현자는 그에게 따라오라고 했고, 귀신 앞에 다다랐을 때 말했습니다. "귀신으로 보였던 건 전신주였군."

출가하는 것만으로 현자가 되지는 않습니다. 특히 여러분의 마음이 맑지 않고 흐릴 때에는 더욱 그렇습니다. 집을 떠난다고 모두 현자가 되지 않는다는 사실을 잊지 마세요. 자신의 책임을 다하지 못하면 깨달음을 얻지 못합니다. 세상에서 도피한다고 깨달음을 얻지도 않습니다. 그러니 여러분이 있는 그 자리에서 깨달음을 얻으세요. 도망치거나 여기저기 헤매고 다닐 필요가 없습니다. 여러분 자신을 갈고 닦으며, 지식을 얻는 길들을 이용하세요. 완성과 깨달음은 이미 여러분 안에 있습니다. 그런데 여러분에게 세 가지 문제가 있습니다. 흐린 마음, 감각의 제한성, 외부세계의 변화하는 본성이 그것입니다. 이 때문에 사물을 완전히 알 수가 없는 것입니다. 감각과 마음 자체가 사물을 정확하게 기록하지 못하는데 어떻게 여러분의 혼란스러움이 끝나고 내면의 어지러움이 멈출 수 있겠습니까?

관련 없는 개념, 주제, 생각들이 여러분 마음에서 끊임없이 계속됩니다. 이런 것들로 현실을 상상으로 왜곡하면서 마음에 충돌이 일어납니다. 이렇게 자신을 자꾸 속이면 자신에 대한 확신을 잃는 날이 오고 맙니다. 그러면 온갖 일에 사람들의 조언을 구하게 되고, 누가 봐도 분명한 아주 사소한 일에도 누군가의 확인이 필요해집니다. 환상을 품고 자신을 속여 왔기 때문에 자신감을 전부 잃고, 마음은 왜곡됩니다. 진실을 말하려고 애쓸 때조차도 자신의 말이 진실이 아니라는 것을 여러분 자신은 압니다. 이런 과정이 여러분 마음의 투명함을 방해합니다.

이런 이유로 집에서나 밖에서 문제와 불화가 일어납니다. 사실 아무도 거짓말을 하지 않습니다. 거짓말 같은 것은 없습니다. 여러분이 거짓말을 하고 있다고 생각할 때조차도 자신이 거짓말을 하고 있다는 것을 알기 때문에 그렇습니다. 여러분 내면에 거짓말은 없습니다. 거짓말을 하려고 해도 실제로 그것은 불가능합니다. 정확하지 않은 말은 할 수 있습니다. 탁자를 칠판이라고 부를 수도 있고, 누군가는 그것이 거짓이라고 생각할 수 있지만, 사실 그것은 거짓말이 아닙니다. 단지 여러분이 정확하게 사물을 연관 짓지 못한 것이거나 정확하게 인식하지 못한 것입니다.

세상 누구도 진짜 거짓말은 하지 않습니다. 사실이 아닌 것 같은 이야기를 한다면 그 사람은 당신과 다른 각도에서 그것을 보고 있기 때문입니다. 만일 당신이 "스와미 라마는 신이다."라고 말한다면 이것은 대상과 관련이 없는 틀린 말입니다. 당신은 신과 보잘것없는 스와미 라마를 정확하게 연관 짓지 못하고 있는 것입니다. 자신과 사물을 제대로 연관 짓지 못하면 상상력을 해치게 됩니다. 자신의 상상력을 '괴롭히는' 것은 마음의 순수성을 빼앗는 것이 됩니다. 우리는 이미 충분할 만큼 혼란스럽습니다. 그러니 고대 현자들이 말했듯이 "거짓말로 자기 자신을 더 이상 혼란스럽게 하지 말라."

'거짓을 말하는 것'은 눈으로 보는 사물과 연관 되어 있지 않다는 뜻입니다. 본 대로 말하지 않고 있다는 뜻입니다. 그러나 문제될 건 없습니다. 다른 관점에서 우리는 사물의 실상을 모르거나 보지 못하기 때문에 이미 거짓말을 하고 있는 것입니다. 그러므로 우리가 진실을 말하고 있다고 생각할지라도, 우리가 아직 그 본모습을 보지 못했기 때문에 그것은 거짓말과 마찬가지입니다. 지식을 얻는 길, 우리의 도구, 우리의 '고용인'들은 우리의 최종 목표에 합당한 기능을 하지 않고 있습니다. 눈은 전체를 보고자 하지만 그럴 수 없는 한계를 지닙니다. 그러므로 우리가 말하는 것은 전부 거짓이나 마찬가지입니다. 그런데도 우리는 진실을 말하고 있다고 장담합니다.

그렇다면 모든 것이 변화와 죽음과 소멸을 면치 못하는 이 세상에서 우리는 무엇을 할 수 있을까요? 감각이 훈련되지 않으면 우리 내면으로 왜곡된 정보가 들어오고, 이로써 내면의 혼란이 계속 일어납니다. 여러분 내면에 이런 혼란이 있다는 것을 받아들이거나 깨닫기라도 한다면, 여러분이 길을 잃는 일은 없을 것입니다. 그러나 이것을 깨닫지 못하면, 그 혼란스러움을 오히려 즐긴다면 여러분의 마음속에 무질서한 혼돈이 일어날 것이고, 이 혼돈은 혼란을 더욱 가중시킬 것입니다. 이런 상태로 혼란은 끝없이 계속될 것입니다.

고대 현인들은 이 문제를 탐구하면서 이런 질문을 했습니다. "감각이라는 이 도구를 어떻게 해야 하는가? 우리는 감각을 통해서 지식을 받아들이는데, 이 감각의 부정확성을 어떻게 해결해야 하는가?" 이 질문에 해답을 찾기 위해 현인들은 우선 마음의 본성을 이해하려고 노력했습니다. 그리고 마음을 밝고 투명하게 갈고 닦아야 한다는 것과 외부의 혼란이나 자극에 마음이 흐트러지지 않도록 훈련해야 한다는 것을 알게 되었습니다. 그러나 마음이 외부세계를 다루는 방법을 알지 못한다면 혼란이 계속되는 것은 자명한 일입니다. 여러분은 마음이 감각보다 더 강한 것은 아닌지 궁금할 것입니다. 자기 자신을 이해한다면 마음에 얼마나 큰 힘이 있는지, 그 힘을 어떻게 깨닫고 조절하고 지배할지 궁금할 것입니다. 성현들은 먼저 내면의 도구인 아함카라라고 하는 자신의 마음을 이해해야 한다고 말했습니다. 그러면 마음을 투명하게 만들어 갈 수 있습니다.

마음은 항상 움직이고 흐르는 것이 그 본성입니다. 동양에 이와 관련된 우화가 있습니다. 어느 왕과 왕비가 전시회를 방문해서 수많은 아름다운 전시품을 한참 동안 둘러본 다음 아름답게 조각된 아주 작은 상자를 보게 되었습니다. 왕비는 그것을 다른 어느 것보다 아름답다고 찬탄했습니다. 그러자 전시물의 주인이 말했습니다. "이것에 비하면 나머지 전시물은 아무것도 아닙니다. 이 상자는 정말 대단한 것입니다. 세상 누구도 이보다 좋은 것은 갖고 있지 않습니다." 왕과 왕비가 그렇게 특별한 이유를 묻자 주인은 그 상자를 열었습니다. 그러자 요정 같은 것이 튀어나왔습니다. "이 작은 요정이 뭐가 그렇게 대단한가?" 하고 왕비가 물었습니다.

주인은 "작다고 하지 마십시오, 왕비님. 이것은 정말 대단하고 힘도 굉장히 셉니다! 이 요정에게 어떤 일이든 맡기면 순식간에 해낼 것입니다."라고 말했습니다.

"우리 왕국이 대단히 넓으니 이런 요정이 있으면 정말 쓸모 있겠구나!"

그래서 왕과 왕비는 그 상자를 사가지고 왕궁으로 돌아오자마자 흥분된 마음으로 요정에게 일을 시키기 시작했습니다. 그렇지만 왕과 왕비는 밤새도록 잠을 잘 수 없었습니다. 요정에게 할 일을 시키자마자 요정은 즉시 그 일을 끝내고 와서 이렇게 말했습니다. "할 일을 더 주세요. 안 그러면 두 사람을 잡아먹겠어요!" 그래서 그들은 잡아먹히지 않으려고 요정에게 할 일을 계속 주었지만 요정은 그때마다 순식간에 일을 해치우고 와서 또 일을 달라고 요구하는 것이었습니다. 왕과 왕비는 요정에게 시킬 일이 거의 바닥이 났지만 요정을 어떻게 다루어야 할지 도무지 알 수 없었습니다.

급기야 문제 해결을 위해 그 나라의 수상이자 현자가 불려왔습니다. 왕은 "우리가 이 작은 요정을 사 가지고 왔는데, 이게 아주 위험한 녀석이라네. 일은 정말 잘하고 엄청나게 힘이 세지만, 일을 마치는 순간 와서 '할 일을 더 주지 않으면 잡아먹겠어요.'라고 말한다네."

수상은 왕과 왕비에게 자신이 해결하겠다고 말한 다음 요정을 보고 말했습니다. "나는 이 나라의 수상이다. 너는 이제 밖으로 나가서 숲에서 가장 거대하고 키 큰 대나무를 찾아서 가지고 오너라."

요정은 순식간에 대나무를 구해 왔습니다. 그러자 수상은 "밖에 나가 땅을 파고 그 대나무를 심어라."라고 했습니다. 요정이 그렇게 하자 수상은 다시 "왕과 왕비께서 너에게 할 일을 주면 그 일을 하고, 그 외 시간에는 저 대나무 기둥을 올라갔다 내려왔다 하여라." 이렇게 요정이 대나무 기둥을 오르락내리락하는 일에 열중하게 되자 왕과 왕비는 비로소 요정을 벗어날 수 있었습니다.

마음이 이 요정입니다! 위대한 현인들은, 일을 해야 할 때는 언제나 우리 마음속 요정이 일을 하지만, 우리가 일을 마치고 쉬고 싶을 때에 이 요정이 우리를 쉬지 못하게 한다고 말했습니다. 이것은 쉬지 않고 움직입니다. 전혀 불가능한 것을 생각하고 불가능한 것을 쉬지 않고 합니다. 마술을 부립니다. 마음은 이렇게 놀라운 것입니다. 여러분이 믿을 수 없이 엄청난 것을 상상했다고 생각했다면, 다른 누군가의 마음은 더 풍부하고 더 믿기 어려운 것을 상상합니다.

여행을 할 때 여러분의 마음은 그곳에 있습니다. 그리고 마음은 때로 여행하지 않은 곳으로도 갑니다. 발길이 닿는 곳에 있다고 생각하지만 사실은 그곳에 있지 않고 집으로 가는 생각을 하고 있습니다. 그런데 집에 있으면 직장이나 명상 피정지 같은 다른 어떤 곳에 있는 생각을 합니다. 그리고 피정지에 도착하는 순간 집을 생각하고 남편, 아이들, 집에서 할 일을 생각합니다. 이렇게 여러분은 '여기'에 없습니다. 마음을 정의하는 것 중 하나가 "내가 어디 있든 나는 그곳에 없다!"인 것 같습니다.

마음을 확실히 이해하려면 생각하는 과정, 생각뿐 아니라 감정이 일어나고 진행되는 과정을 이해해야 합니다. 이것을 어떻게 할 수 있을까요? 마음 전체를 탐구하기 위해서는 마음의 여러 측면 중 하나를 훈련해야 합니다. 즉 마음의 한 부분인 붓디*buddhi*를 훈련해야 합니다. 이 부분을 이용해야 마음의 모든 기능을 탐구할 수 있습니다.

베단타 철학에서는 생각이 자유로이 일어나는 것을 먼저 이해해야 한다고 하는데, 이것은 먼저 마음이라는 바퀴의 각 부분을 따로따로 완전히 이해해야만 할 수 있습니다. 베단타에서는 여러 가지 방법으로 마음을 이해할 수 있다고도 합니다. 많은 수련과 더불어 전체 사다나sadhana가 이 과정에 몰입합니다. 여러분이 마음을 정확히 안다고 해도 단순한 지식만으로 마음을 제어할 수 없습니다. 제어한다는 것은 마음이 가야 할 방향을 알고 지시한다는 뜻입니다. 제어한다는 것은 마음이 작용하지 못하게 막는 것이 아닙니다. 그것은 자신이 마음을 인식하고 있으며 마음이 가야 할 길을 선택하고 있다는 의미입니다. 이렇게 마음을 제어할 때 여러분 자신이 연구를 위한 실험실이 됩니다. 여러분의 내적 상태는, 내면의 중심에서 흐르는 의식을 이해하기 위해 그 사용법을 배워야 할 수많은 도구와 같습니다. 그러니 내면의 자원, 참지식의 원천, 결코 이의를 제기할 수 없는 지식, 자명하고 순수한 지식의 문을 두드리세요.

그러나 여러분은 자신이 본 것을 받아들였으나 그것을 점검하지 않았기 때문에 혼란을 겪습니다. 여러분은 모든 것을 의심해야 합니다. 여러분의 의심까지도 의심해야 하는 것입니다. 행동을 하기 전에 자신의 생각이 옳은지 확인해야 합니다. 우선 의심하고, 생각을 거듭하면서 자신의 인식이 옳다는 것을 알기 전에는 행동하면 안 됩니다. 이런 방법으로 자기 자신과의 작업을 하게 되면 어떤 생각이 정확한지, 어떤 생각이 불명확한지 깨닫게 됩니다.

 나는 아주 어릴 때부터 스승님과 함께 지냈고, 모든 것을 스승님께 배웠는데, 하루는 '도둑질'에 대해 배우게 되었습니다. 스승님은 평소에 돈을 지닌 적이 없는데, 어느 날 그분은 일부러 주머니에 5루피를 넣고는 내가 5루피가 필요한 상황을 만드셨습니다. 그래서 나는 주머니에 손을 넣어 5루피를 가져다 돈이 필요한 사람에게 주었습니다.

 스승님께서 내게 말씀하셨습니다.

 "이리 오너라. 너는 도둑이다!"

 "제가 무엇을 훔쳤나요?"

 "내 주머니에서 5루피를 꺼내 가지 않았느냐?"

 "그렇지만 스승님은 제 아버지시잖아요!"라고 내가 말했습니다.

 스승님은 "물론 그렇지. 하지만 아들이 아버지 주머니에 든 것을 훔칠 수 없고, 아버지가 아들 주머니에 든 것을 훔칠 수 없단다." 하고 말씀하셨습니다.

 "저는 그렇게 생각하지 않았어요. 그건 훔치는 게 아니라고 생각했어요."라고 내가 말씀드리자 스승님은 이렇게 말씀하셨습니다.

 "너는 사물의 명확한 정의를 배우도록 노력해야 한다. 네가 결정하고 결단하고 판단하는 훈련을 하면 그때는 이해하게 될 것이다."

 그래서 나는 여쭈었습니다. "훔친다는 게 무슨 뜻이에요? 저는 스승님께서 보는 앞에서 돈을 가져갔는데요."

스승님은 "내가 보는 데서 했건 아니건 너는 내 것을 빼앗은 것이다. 네가 누군가를 쳐다보면서 그 사람 것을 빼앗아 달아났다면 그게 옳은 일이라고 할 수 있겠느냐?" 하셨습니다.

나는 "아직도 이해가 안 됩니다."라고 말씀드렸습니다.

그러자 스승님은 이렇게 말씀하셨습니다. "너는 오늘 이것을 이해해야 한다. 그 사람의 허락을 받지 않고 그의 것을 가져가면 그건 도둑질이다. 도둑질은 허락 없이 누군가의 물건을 갖거나 빼앗는 것을 말한단다."

나는 이날을 마지막으로 다시는 그 같은 행동을 하지 않았습니다. 여러분의 일상에서 도덕적 기준을 발전시킬 때에는 사물의 정확한 의미를 이해할 필요가 있습니다. 여기에는 마음 훈련도 포함됩니다.

여러분은 붓디의 자유로운 기능을 허용하지 않음으로써 자신의 지적인 면을 훔치고 있습니다. 자신의 도구가 제대로 기능하도록 허용하지 않는다면 그 도구는 녹슬고 말 것입니다. 그러면 사용하고자 할 때 제 기능을 발휘할 수 없습니다. 여러분은 자기 내면 깊은 곳에 있는 가장 훌륭한 도구, 존재하는 도구 중 가장 좋은 도구를 사용하지 않고 있어서 그것이 녹슬어 가고 있습니다. 그러니 이제 그것을 깨끗하게 정화해야 합니다. 자신의 붓디를 정화하기로 결심하고, 온 마음을 다해 의식적으로 얼룩을 전부 닦아내는 노력을 하고, 다시는 녹슬지 않도록 하기 바랍니다.

앞에서 말했듯이, 마음만으로 마음을 완전히 이해하기는 어렵습니다. 여기에는 마음을 초월한 어떤 것이 있습니다. 그러나 우리가 알 수 없는 것은 아닙니다. 초월해 있다고 해서 멀리 있거나 도달할 수 없는 것이라는 의미는 아닙니다. '초월하다'는 말은 지금까지 잘못 번역되어 왔습니다. 베단타 철학과 요가 철학에 따르면 '초월하다'는 '내면에 있다'는 뜻입니다. 육신을 초월해 감각이 있고, 감각을 초월해 마음이 있으며, 마음을 초월해 영혼이 있습니다. 초월해 있다는 것은 안쪽, 더 깊은 차원에 있다는 의미입니다.

우리는 모두 어떤 차원에 살고 있습니다. 우리 스스로 의지할 가치관을 만들어 내고 이것에 따라 살아갑니다. 그리고 이것을 우리의 실체라고 생각합니다. 실체는 상대적 용어이므로 그렇다고 할 수 있습니다. 그러나 깨어 있는 실체 또는 실재는 꿈꾸는 실체와 다르며, 꿈꾸는 실체는 잠자는 실체와 다릅니다. 그리고 절대적 실체는 이 모든 실체를 초월해 있습니다. 깨어 있는 실체로 사람들에게 적응하고 반응하며 사는 방식만을 아는 사람은 어리석습니다. 그러니 외적인 차원을 초월해 있는 것을 찾지 마세요. 마음을 초월해 있는 여러분 내면의 어떤 것을 의식하게 될 때, 더 깊은 곳에 있고 더 순수한 그것에 의지할 때 여러분은 마음에 의지하는 대신 마음을 이해할 수 있게 됩니다.

성현들은 자신들의 마음에 관한 내적 관찰과 탐구를 수행했고, 그로써 발견한 것을 베단타 철학(여기서는 마음을 훌륭하게 묘사했습니다)에 기술했습니다. 베단타 철학은 마음, 즉 안타카라나 *antahkarana* 또는 내면의 도구는 바큇살이 많은 바퀴와 같다고 말합니다. '카라나' *karana*는 '기능이 일어나다'는 뜻이고 '안타' *antah*는 '안쪽'이라는 뜻입니다. 그러므로 안타카라나는 '내면에서 기능을 하다' 또는 '내면에서 일어나고 있는 것'입니다. 이것은 현대 철학에서 이해하려고 애쓰는 것이기도 합니다.

가령 마나스 *manas*의 기능, 즉 감각과 운동을 관장하는 마음은 이렇게 말할 것입니다. "이것을 해라." 그리고 곧 덧붙입니다. "하지 않으면 좋지 않은 일이 일어날 거야." 마나스는 여러분이 도둑질을 하면 후회할 것이라고 상기시킵니다. 도둑질을 하지 않으면 자신이 착한 사람이라고 느낄 것이라고 가르칩니다. 도둑질을 해서 부자가 될 수도 있겠지만 그러다 잡히면 감옥에 갈 것이라고 말합니다. 이 모든 상칼파 *sankalpa* 비칼파 *vikalpa*, 즉 생각과 갈등이 먼저 한쪽에서 오면 다른 한쪽에서 그것을 곰곰이 생각하며 오가는 것이 마나스의 기능입니다.

마나스는 묻습니다. "이것을 할까 말까?" 그런데 여러분에게 길잡이가 없다면, 지성인 붓디가 마음의 이 부분을 안내하는 방법을 아직 배우지 못했다면 여러분은 제때에 결정을 내리지 못합니다. 붓디는 우리 내면의 카운슬러입니다. 우리에게 어떻게 결정하고 판단하고 분별하는지 말해 줍니다. 이런 과정이 다양한 차원과 다양한 수준으로 여러분 내면에서 항상 진행됩니다. 그러니 행동을 취할 때마다 여러분의 붓디에게 그것이 옳은지 그른지 말해 달라고 요청하세요.

마음은 바퀴와 같습니다. 마나스와 붓디, 아함카라와 칫타는 바큇살입니다. 내면의 가장 깊은 차원에 중심축, 즉 의식의 중심이 있습니다. 바퀴에 대해 모르면 중심축도 알 수 없습니다. 마음의 바퀴는 바큇살이 있어서 회전하고, 바큇살은 축이 있어서 회전합니다. 세상은 마음에 영감을 주고 동기를 부여할 뿐입니다. 모든 힘은 중심에서 나옵니다. 그러니 자신의 마음을 이해할 수 있어야 합니다.

외부의 어느 누구도 여러분을 구원해 주지 못합니다. 이 말이 여러분을 실망시킨다는 것을 알지만 이것이 진실입니다. 그리스도는 오직 열두 사람만을 깨달음으로 인도했습니다. 다른 사람들은 준비가 안 되어 있었기 때문입니다. 그는 위대한 사람이었고, 그는 위대한 품성을 가진 사람이었습니다. 그는 기적을 행할 수 있었습니다. 그는 물을 포도주로 변하게 할 수 있었지만 모든 그리스도인을 깨달음으로 이끌지 못했습니다. 모세도 모든 유다인을 깨닫게 할 수 없었습니다. 크리슈나도 모든 힌두교인이 깨달음을 얻도록 하지 못했습니다. 붓다도 모든 불교도를 깨달음으로 인도하지 못했습니다. 무함마드도 모든 무슬림을 깨닫게 할 수 없었습니다. 우리 모두에게는 예언자가 있고, 우리는 모두 위대한 종교를 가지고 있습니다. 그러나 자신을 깨우쳐야 하는 것은 우리 본인입니다. 자신의 등불을 밝혀야 합니다. 누구도 여러분을 구원할 수 없습니다. 깨달음에 이르는 간단한 방법은 먼저 자신을 아는 것입니다. 자신을 탐구하세요. 절대로 포기하면 안 됩니다. 다른 것은 포기하더라도 이 목표를 포기하지는 마세요. 자신에게 "나는 나 자신을 계속 알아갈 것이다. 나는 할 수 있고, 할 것이며, 해야만 한다."라고 상기시키세요. "나는 할 수 있고, 할 것이며, 해야만 한다." 이 세 문장을 기억하세요.

여러분 마음으로 들어오는 것이 있으면 내면의 카운슬러 붓디에게 물어 보세요. "이것을 해야 할까?" 여러분이 "이것을 해야 할까?"라고 묻는 순간 여러분은 붓디와 상담을 하고 있는 것이며, 붓디를 정화하고 있다는 의미입니다. 한 번, 두 번 또는 세 번도 실수를 할 수 있습니다. 그러나 붓디는 여러분을 점점 더 명료한 방향으로 이끌어 갈 것입니다. 그러면 여러분의 에고는 서서히 진실을 인식하게 될 것입니다. 에고가 진실을 인식하는 날, 에고가 쌓은 장벽은 사라질 것입니다. 지금은 여러분의 적敵인 그 힘이 친구가 되는 기쁜 경험을 하게 될 것입니다.

마음은 요정과 같습니다. 그 어떤 힘보다 강하고, 빛이나 전류보다 더 빠릅니다. 모든 본질 중에 가장 빠릅니다. 이 속도를 능가하는 것은 단 하나, 깨달음을 얻은 자입니다. 깨달음을 얻었다는 것은 마음의 속도를 능가했다는 뜻입니다. 영(靈, Spirit)은 마음의 속도를 능가합니다. 영은 어디에나 존재합니다. 보잘것없는 마음은 그 속도를 따라잡을 수 없습니다.

영이 어디에나 있다는 것을 인식할 때 마음은 굴복합니다. 마음은 자신이 지닌 모든 힘이, 내면의 빛과 생명의 원천이며 의식의 근원인 영에서 기인한 것임을 알게 됩니다. 마음이 굴복하면 여러분은 마음이 더 이상 작용하지 않는 그런 경지에 다다릅니다. 마음은 여전히 거기 있지만, 그것이 실체를 인식하게 되면서 에고는 사라집니다. 이것이 자기포기self-surrender며, 모든 요가의 정점입니다.

이런 경지에 오르는 데에 마음과 감각의 지식, 본능적 지식은 도움이 되지 않습니다. 물론 중요하고 필요하며 사용할 수 있는 지식이지만, 모든 지식의 정점은 직관입니다. 직관은 우리의 붓디가 정화되고 마음이 정제되어야 오는 것입니다. 직관은 증명할 필요가 없습니다. 옳은지 그른지 물어볼 필요도 없습니다. 직관을 갖게 되면 직관에게 묻지 않아도 됩니다. 여러분은 그것이 옳다는 것을 알고 있기 때문입니다. 이 지식은 모든 것을 있는 그대로 보고 알게 해 주어서 사물을 부분적으로 불완전하게 보지 않게 됩니다. 직관적 지식을 받은 사람들은 행복합니다.

나는 세 살 때부터 많은 성자들의 가르침을 받았습니다. 그분들은 깨달음의 길에 평생을 전념한 분들이었습니다. 나는 오랫동안 지금까지 말한 주제에 관해 생각해 왔습니다. 이 위대한 성자들에게서 이분들의 유대를 통해, 이분들의 은혜로 인간에 대해 배웠고, 내가 들은 것은 전부 무의식 층에 저장되었습니다. 그분들은 직관적 지식이 가장 뛰어난 지식이라고 가르쳐 주셨고, 나는 경험으로 그것을 확인했습니다. 깨달음의 길 위에 있는 사람들은 누구나 이 사실을 알며, 나는 그 가르침을 여러분에게 설명하고 있는 것입니다.

사람들은 비싼 술집에서 최고 품질의 와인을 마실 때 종이컵을 사용하지 않습니다. 가장 비싼 와인은 고블릿goblet에 따라서 마십니다. 최고급 와인을 맛보자면 좋은 도구, 즉 좋은 잔이 필요합니다. 직관적 지식을 경험하자면 날카로운 붓디와 정제된 마음을 갖추어야 합니다. 그렇지 않은 붓디와 마음은 지식의 흐름에 방해가 될 것입니다.

그러나 마음을 탐구하는 작업을 하지 않았다면 최고의 지식이 떠오를 것을 기대할 수 있을까요? 땅을 갈지 않고 농작물이 자랄 것을 기대할 수 있을까요? 직관적 지식을 받고자 하면 수많은 실수를 했어도, 여러분이 자신을 어떻게 생각하든, 친구와 이웃이 당신에 대해 어떤 말을 했어도 여러분 내면에 방대한 직관 도서관이 있다는 것을 기억하세요. 여러분 내면 깊이, 존재의 깊은 곳에 직관의 도서관, 칫타가 있습니다. 그런데 여러분은 그것에 다다르는 방법도 모르고, 그 풍부한 자원을 이용하는 방법도 알지 못합니다. 마치 여러분 집에 숨겨진 재물이 있는데도 그것을 모르고 자신을 가난하다고 생각하는 것과 같습니다.

우리는 모두 내면 깊은 곳이 풍요롭습니다. 위대한 예술가, 시인, 행동하는 사람들은 그들도 모르게 내면의 도서관에서 아주 조금 이 지식의 일부를 받습니다. 그래서 위대해지는 것입니다. 그 엄청난 지식의 풍요로움에서 한 방울, 극소량의 지식으로 위대한 인물이 되는 것입니다. 이 한 방울을 받은 사람들이 시를 짓거나 그림을 그리고, 아름답게 노래하거나 춤을 추기 시작합니다. 이 모두 내면의 무한한 지식 도서관 덕분입니다. 여러분 내면의 직관의 도서관이 칫타입니다. 원천입니다. 자신을 탐구할 때 칫타가 여러분을 위해 열립니다. 직관의 도서관에서 나오는 불꽃, 이것이 직감입니다. 직감은 한순간 빛을 발하고 우리는 그것을 다시 불러올 수 없습니다. 그러나 때로는 홍수처럼 쏟아져 나옵니다. 이 최고의 지식에 닿게 되면 이 지식은 여러분 마음을 투명하게 할 것이고, 그러면 여러분의 전 생애는 시가 되고 노래가 됩니다.

제8장
욕망을 초월해서 삼스카라를 정화하기

　인생의 최고 목표는 행복입니다. 세상 사람들이 하는 모든 행위, 즉 음식을 먹고, 결혼하고, 아이, 집, 친구를 갖는 행위 등은 전부 행복을 찾으려는 노력입니다. 그런데 이런 것들이 여러분에게 행복을 주었습니까? 여러분은 잠시 최상의 기쁨을 맛보겠지만 이 기쁨은 영원히 지속되지 않습니다. 짧은 기쁨을 맛본 다음 여러분은 다시 다툼과 슬픔, 분노와 걱정이 있는 이전 세상으로 돌아갑니다. 인간의 활동이 주는 기쁨은 더 높은 차원, 영원히 지속되는 행복을 잠깐 엿보고 조금 맛본 것에 지나지 않습니다.

　여러분이 무엇을 하고 있는지 곰곰이 생각해 보세요. 행동을 통해 여러분은 욕망을 하나씩 성취하려고 노력하고 있습니다. 욕구를 채우려고 매일 같은 행동을 미친 듯이 반복합니다. 그런데 이렇게 반복해도 욕구는 채워지지 않습니다. 여러분의 행동은 욕구라는 불꽃에 점점 많은 휘발유를 붓고 있는 것에 지나지 않습니다. 여러분은 행동하지 않고 살 수 없습니다. 인간 누구도 그렇게 살 수 없습니다.

예를 하나 들어봅시다. 어느 부부가 적은 예산으로 소박한 집을 지었습니다. 남편과 아내는 그 아름다운 집에 만족했고 행복했지만, 가구도 카펫도 살 돈이 없었으므로 집안은 텅 비어 있습니다. 그래서 이들 부부에게 그런 것들을 사려는 욕구가 생겨났고, 욕구는 계속 이어졌습니다. 한 장뿐이던 베갯잇은 두세 장으로 늘어났고, 아이들에게는 인형을 사줘야 합니다. 아이들이 자라면서 애완견도 있어야 합니다. 이렇게 끝없이 이어집니다. 욕구라는 덫에 걸려 빠져나올 수 없게 됩니다. 생활용품은 여러분이 사용하기 위해 있는 것이지만 여러분 것은 아닙니다. 그러니 그것들에 매이지 마세요. 사물은 늘 우리를 실망시킬 것입니다.

과정은 이렇습니다. 여러분은 한 가지 욕구를 채우고 싶습니다. 욕구가 있으니 그것을 충족시키려고 자연스럽게 욕구가 여러분을 자극할 것입니다. 그러면 그 욕구를 채우려고 노력하는 행동을 하게 됩니다. 그런데 며칠 후 그 욕구가 아직도 채워지지 않은 것을 알게 됩니다. 그래서 다른 욕구로 옮겨 갑니다. 이러다 보면 여러분은 참을 수 없는 지경까지 되고 감정적인 문제가 발생합니다. 이렇게 여러분 무의식의 마음을 폐품 처리장으로 만들고 맙니다.

 욕망을 채우려는 행동은 무의식적으로 하게 됩니다. 오래 전, 위대한 성현들은 이것에 대한 실험을 했습니다. 그러므로 그들의 충고를 따라야 합니다. 성현들은 욕구를 채우는 것만으로는 정말 위대한 것을 이룰 수 없다고 가르쳤습니다. 발전하기 위해서는 이 점을 알아야 합니다. 대상을 얻는 것만으로는 행복해질 수 없습니다. 그러므로 여기서 문제는, 우리가 "어떻게 해야 욕망에서 벗어나는 상태에 도달하는가?"입니다.

 여러분에게는 욕망이 있으며, 또 당연히 욕망이 있어야 합니다. 여러분은 소유물을 갖지 않고 살 수 없습니다. 그런데 욕망이 있고 또 그것을 성취할 방법이 있다고 해도, 이 세상에서 행복하게 사는 방법은 알아야 합니다. 이 방법을 행위의 길, 또는 카르마 *karma*의 길이라고 말합니다. 올바른 마음가짐으로 행동하는 것을 안다면 이 길을 갈 수 있습니다. 그러나 여러분은 욕망을 억제할 줄 모르기 때문에 아직 행복하지 않습니다.

 여러분이 스와미*swamis*나 산야신*sannyasis* 또는 출가수행자가 되어 모든 욕망을 포기할 필요는 없습니다. 포기하는 것이 중요한 게 아니라, 세상 속에 살면서 세상의 영향을 받지 않고 평온하게 사는 길을 아는 것이 중요합니다. 여러분이 어떤 사람이든, 스와미든 일반인이든 이 기술을 배워야 합니다. 쉽지는 않지만, 욕망을 벗어나는 평온한 상태에 이르는 것이 불가능한 일은 아닙니다. 여러분에게 어떤 욕망이 있다고 해도 그 욕망을 다스릴 줄 안다면 더 행복해질 수 있습니다.

 욕망을 충족하기 위해 행동을 하게 되는데, 행동 때문에 여러분이 불행해지는 것은 아닙니다. 행동하는 것은 태생적인 것입니다. 움직이지 않고 살 수 없습니다. 그러니 여러분은 덫에 걸린 것입니다. 인간은 행동하지 않고 살 수 없는데, 행동에는 결과가 뒤따르게 마련입니다. 이 결과물이 여러분을 또다시 행동하게 하는 동기로 작용합니다.

 무슨 일이든 오랫동안 반복하다 보면 그것이 우리 삶의 일부가 되는데, 이것이 습관입니다. 우리의 영혼은 불멸하는 것이어서 여러분의 내면은 아름답습니다. 그런데 감정적 습관패턴이란 것이 여러분에게 가면을 쓰게 합니다. 여러분이 아는 것을 지속적으로 표현하다 보면 이것이 습관으로 굳어집니다. 여러분의 모든 습관패턴은 네 가지 원초적 감정의 근원에 기반을 두고 있습니다.

 자신의 감정적 문제를 곰곰이 생각해 보면, 한 가지 감정을 이해하는 것만으로는 별 도움이 되지 않습니다. 만일 당신이 "나는 지금 감정적이 되어 남편에게 화가 난다. 남편은 피곤에 지쳐 집에 돌아왔는데, 내가 이러면 안 되지." 하면서 이 한 가지 태도를 고칠 수도 있겠지만, 이 태도의 뿌리에는 여러분이 이해하지 못하는 무언가가 아직 있습니다. 그것은 음식, 수면, 성性, 자기보존이라는 원초적 감정의 근원을 다루는 데에 불균형이 있기 때문입니다.

오래 전, '마마'라는 여성은 시카고에 있는 우리 협회의 초대 회장이었습니다. 아주 정이 많은 사람이었고, 나와도 잘 지냈습니다. 그런데 이 여성에게 한 가지 나쁜 습관이 있었습니다. 과체중인 그녀에게 "마마, 살 좀 빼야 해요. 알잖아요."라고 말했지만 그녀는 "나는 음식 조절을 잘하고 있어요." 했습니다.

그런데 여동생 키티가 내게 이런 말을 했습니다. "언니는 밤에 일어나서 냉장고에 있는 음식을 전부 먹어치워요. 그런데 다음날 아침에 그걸 기억하지 못해요."

왜 이럴까요? 그녀는 수면 중에 냉장고에 가서 음식을 먹고 다시 침대로 가는 것이었습니다. 그리고 아침에 일어나 동생에게 음식을 먹었다고 잔소리를 했던 것입니다. 그래서 나는 어느 날, 사실을 알아보려고 그곳 직원 한 사람을 그 집에 보내서 말없이 그냥 지켜보라고 했습니다. 그날 밤, 마마가 파이를 먹으려고 냉장고로 가기 바로 전에 나는 직원에게 파이를 전부 치우라고 했습니다. 그리고 마마는 냉장고 문을 열었고 파이가 없는 것을 아는 순간 눈을 뜨고 자신이 지금까지 했던 것을 깨달았습니다.

사람들은 이렇게 수면 중이 아니더라도 많은 행동을 무의식적으로 합니다. 자신이 뭘 하는지, 왜 하는지 의식하지 않습니다. 무의식적으로 행동한다는 것은 습관이 매우 깊어져서 그것을 의식하지 않는다는 뜻입니다. 무의식적으로 어떤 행동을 한다는 것은 그 영역에서 여러분이 아무 힘을 쓰지 못한다는 의미며, 이런 무력함을 없애지 못하는 것은 자신에게 매우 해로운 일입니다. 자신을 다스리지 못한다고 인정할 때는 자신을 남몰래 비난하고 있는 것이며, 그래서 듣기 싫은 말을 들으면 화를 내고 공격적이 됩니다.

그리스도교 역사에서, 사울은 회심하고 나서 바오로가 됩니다. 어느 날 양심의 소리를 듣고 그때까지 자신이 올바른 길을 따르지 않았다는 것을 깨달았던 것입니다. 그리고 그는 성인이 되었습니다. 여러분은 흔히 잘못인 줄 알면서도 계속 같은 행동을 합니다. 바른 길을 알면서도 그 길로 가지 않습니다. 예를 들면, 남의 험담을 하면서 미워하고, 악의를 품거나 시기하는 등 쓸모없는 데에 시간과 에너지를 낭비합니다. 이런 것은 자신의 양심을 거스르는 죄입니다. 무엇이 옳은지 알면서도 그것을 거스르는 행동을 하는 것은 자신의 양심을 거스르는 것이며, 이로 인해 여러분은 약해집니다. 양심에 어긋나는 행동은 내면의 강한 힘, 즉 결단력과 의지력을 죽입니다. 이렇게 의지력을 죽이면 여러분은 활동적인 사람이 되지 못하고, 활기찬 의지는 사라져 버립니다. 자신에게 옳은 것이 무엇인지 잘 알면서 그릇된 행동을 반복하는 것은 범죄입니다. 여러분의 성장과 발전에 해로운 것을 알면서 계속 그 행동을 하는 것은 나쁜 습관 때문입니다. 그러니 자신의 정신적 습관을 이해하는 방법을 알아야 합니다. 이것은 아주 쉽습니다. 전혀 어렵지 않습니다.

습관은 생각이 통제하고, 생각은 감정이 통제한다는 사실을 기억하세요. 현대인들은 자신들이 과학 지식을 많이 알고 있으므로 현명하다고 자인합니다. 그러나 내면에는 외로움과 두려움이 있습니다. 주머니에는 알약이 가득하고 집은 조제실이 되었습니다. 집 대문은 큰 자물쇠를 채웁니다. 내면이 비어 있기 때문에 두려움을 느끼고, 삶에서 의지할 것이 아무것도 없으며, 행동에는 자유로움이 없습니다.

이런 삶을 어떻게 즐길 수 있겠습니까? 늘 두려움에 짓눌려 산다면 인생을 즐기는 게 가능할까요? 가진 것을 잃지나 않을까, 원하는 것을 갖지 못하는 건 아닐까 하면서 늘 두렵기 때문에 삶을 즐기지도, 즐길 수도 없습니다. 이 두 가지 두려움이 여러분의 행복을 끊임없이 괴롭힙니다.

인간은 인간적 약점 때문에 두려움을 갖습니다. 두려움은 인간의 에고와 무지의 결과입니다. 인간이 다른 사람을 두려워하는 것은 그들이 자신과 다르기 때문입니다. 인간에게는 유일한 하나의 실재가 있습니다. 여러분이 자기 자신을 이 실재에서 분리하고,

고립시키는 한 모든 두려움이 당신에게 문제를 일으킬 것입니다.

두려움을 벗어나 자유롭다는 것은 이 실재와 하나가 되었다는 의미입니다. 이 실재를 알기만 하면 여러분은 자유입니다. 여러분이 두려워하는 사람도 여러분과 같은 의식의 중심, 즉 실재가 있다는 것을 알고 나면 그 사람이 두렵지 않습니다. 위대한 성현들은 숲속에서 살면서 인간의 두려움이란 주제로 실험을 했습니다. 그리고 여러분이 이 실재를 알면 호랑이와 뱀 같은 사나운 동물조차도 여러분을 해치지 않을 것이라고 말합니다.

나도 그런 경험을 한 적이 있습니다. 그때 나는 산에서 침묵수행 중이었고 많이 피곤했습니다. 오후 세 시쯤이었는데, 밤에 잠을 자지 않기 때문에 세 시경에는 자연히 졸음이 왔고, 그래서 점심을 끝내고 낮잠을 자는 습관이 있었습니다. 이날은 4마일을 더 올라가야 했지만 세 시가 되자 피곤이 몰려왔습니다. 이미 4마일을 올라왔기에 쉬면서 음식과 물을 점심으로 먹고 나서 동굴이 보이기에 안으로 들어갔습니다. 나는 너무나 졸려서 곧바로 그곳에 누워 판초담요를 덮고 금방 설핏 잠이 들었습니다.

그런데 무언가가 내 몸을 기어오르고 긁어대는 것이 점차 느껴졌습니다. 그래서 봤더니 새끼호랑이 두 마리가 장난을 치면서 소리를 내고 있었습니다. 내가 어미호랑이인 줄 알았는지 발로 긁어대고 뛰어다니면서 나를 핥기도 했습니다. 눈꺼풀이 너무나 무거

웠지만 그건 꿈이 아니었습니다. 나는 '아, 안 돼. 새끼호랑이라니! 어미호랑이가 오면 어떡하지?' 이런 생각이 들었지만, 너무 피곤해서 잠을 자려고 애썼습니다. 사실 이런 상황에서 잠이 올 리가 없었지만 자려고 애를 썼습니다.

이러면서 30분쯤 지났을 때 갑자기 동굴 입구에 그림자가 보였습니다. 나는 눈을 뜨고 동굴 안으로 들어오려고 서 있는 어미호랑이를 보았습니다. 내게는 무기도 없었습니다. 그래서 속으로 이런 생각을 했습니다. '나는 네 새끼를 해치지 않아. 너를 해칠 마음도 전혀 없어. 네가 옆으로 비켜선다면 나는 나갈 것이고 너는 안으로 들어올 수 있어.' 그리고 정말 내 생각대로 되었습니다. 어미호랑이가 옆으로 비켜서서 나는 밖으로 나왔고 어미호랑이는 자기 동굴로 들어갔습니다. 라마야나*Ramayana*에도 진실을 말하는 짧은 경구가 있습니다. "심지어 미물과 동물도 옳고 그른 것을 안다."

여러분은 모두 살아 있고 백 년 동안 살고 싶어 합니다. 여러분은 자신이 죽을 거라는 사실을 실제로 믿지 않습니다. 아무도 죽음이 올 것이라고 믿지 못합니다. 사람들이 죽는 것을 보지만 자신이 죽는 것은 보지 못합니다. 그래서 여러분이 갖게 된 죽음의 공포는 여러분을 두렵게 합니다.

여러분은 육체를 가졌고, 이것은 유용한 도구이므로 건강하게 유지해야 한다는 것은 당연하지만, 육체가 여러분을 깨달음으로 이끌지는 않습니다. 여러분의 인식을 육肉의 차원에서 높이 들어 올릴 때 그곳에는 육체의 고통이 없을 것입니다. 죽음 때문에 자신을 두려움에 떨게 하지 마세요. 죽음은 삶의 일부에 불과합니다. 죽음이 오는 것은 분명합니다. 그러나 죽음은 고통스럽지 않습니다. 죽음을 생각하는 것이 고통스러운 것입니다.

우리는 인간이고 그래서 죽는 것은 당연합니다. 이 사실을 기억하세요. 본질의 양면이 존재합니다. 우리는 매일 사람들이 죽는 것을 봅니다. 하지만 우리의 일부분은 결코 죽지 않습니다. 우리는 이것을 압니다. 우리가 '이웃 사람이 죽은 것처럼 나도 죽을 거야!'라는 생각에 사로잡혀 지낸다면 삶에 도움이 되는 것은 아무것도 할 수 없습니다. 그러나 우리가 우리 안의 불멸을 알게 되면 우리는 행복할 것이며, 더는 두려워하지 않을 것입니다. 그러니 육신의 빛이 꺼지기 전에 내면의 인식에 집중하는 방법을 터득하세요. 그런 다음 이곳에 껍데기만 남기고 떠나세요.

지금 우리의 삶은 여정일 뿐이며 여러분은 여행자입니다. 이 여정에서 여러분은 자신을 위해 확고한 것, 배의 견고한 방향키 같은 것을 가져야 합니다. 방향키를 잃는다면 여러분의 배는 목적 없이 떠다닐 것이고, 자신이 어디로 가는지도 알 수 없을 것입니다. 여러분 인생의 방향키는 여러분이 여행 중이며 이 세상이 여러분의 집이 아니라는 사실을 기억하는 것입니다.

여행을 할 때는 짐을 가볍게 합니다. 집에 있는 것을 전부 끌고 다니지 않습니다. 여행에 충분한 돈만 가지고 갑니다. 이것이 원칙입니다. 충분한 돈은 내면의 지혜이며, 가볍게 들고 여행한다는 것은 여러분의 일상생활에서 불안이나 걱정거리를 갖지 않는다는 뜻입니다.

구도자는 이렇게 생각해야 합니다. '나는 이 세상에 온 손님일 뿐이다. 손님은 주인에게 무례하게 할 수 없다. 내가 무슨 권리로 예의 없는 행동을 하거나 욕심을 부릴 수 있는가? 나는 여행 중이며 이 여행을 반드시 마쳐야 한다.' 우리 삶은 복잡한 사람들 사이를 지나가는 것과 같습니다. 여러분은 누구에게도 피해를 주지 않도록, 또 피해를 받지 않도록 잘 살펴야 합니다. 이렇게 하자면 능숙해야 합니다. 그러니 행동을 능숙하게 하는 법을 배우고, 그러면서도 행동의 결과물을 수확하는 것에서 자유로워져야 합니다. 사랑하는 마음을 키울 때 이렇게 할 수 있습니다.

내가 어떤 행동을 취하면 나는 이 행동의 열매를 반드시 거둬들이게 되어 있습니다. 여러분도 어떤 행동을 하면 그 열매를 거둬들이게 됩니다. 우리는 행동에 묶이는 것이 아니라 그 열매에 매이는 것입니다. 그러나 내가 여러분을 위해 사랑을 가지고 행동했다면, 동시에 사랑하는 마음으로 내게 행동했다면 우리는 자유롭습니다. 인간은 아직 이 기술을 배우지 못했습니다. 인류는 이기심 없이 사랑으로 남을 위해 행동하는 것을 아직 배우지 못했습니다. 그래서 성자들은 이 사랑이 우리를 자유롭게 하고, 이 사랑이 참된 지식이라고 말했습니다. 그러니 타인을 위해 행동하세요. 이렇게 하는 것을 배워야 여러분은 자유로워질 것입니다.

모세는 먹지도 마시지도 않고 40일 동안 홀로 산에 머물렀습니다. 인류가 반드시 얻어야 할 중요한 것이 그곳에 있다는 사실을 알았기 때문입니다. 모세는 이 일을 하기 위해 태어났기에 이것을 해야만 했습니다. 세상의 모든 위대한 남녀는 이렇듯 이기심 없는 성품을 지녔고, 그들이 따르는 종교와 상관없이 카르마의 법칙도 이해했습니다. 그리스도인은 "뿌린 대로 거두리라."고 했고, 불교도들도 같은 진리를 깨달았습니다. 불교는 카르마의 법칙을 기반으로 출발했습니다. 힌두교도 역시 이 법칙을 믿으며 코란에도 담겨 있습니다. 이 법칙에 '용서'는 없습니다. 그 결과를 피할 수 없습니다. 사과씨를 심었다면 구아바가 열리지 않을 것입니다. 그런데도 유별난 생명체인 인간은 신에게 "오 주님, 제가 사과씨를 심었지만 제발 구아바가 열리게 해 주세요!"라고 합니다.

타인을 위한 일을 하자면 네 가지를 순서대로 배워야 합니다. 주는 것, 사랑하는 것, 자유로워지는 것, 그리고 카르마의 법칙을 따르는 것을 배워야 합니다. 이 과정을 따르지 않으면 여러분의 그 많은 욕망의 힘을 줄일 수 없습니다. 나는 여러분이 지닌 온갖 부정적 감정은 원초적 근원에서 나름의 양상을 띠고 올라온다고 말했습니다. 이들 원초적 근원과 이것이 여러분에게 끼치는 영향을 이해하고 배워야 합니다. 이렇게 하자면 자신의 마음을 관찰하고 자기 자신에게 자문하는 것을 익혀야 합니다. 그러면 욕망에서 생겨난 걱정과 괴로움을 벗어날 수 있습니다.

여러분의 좋은 생각이 행동으로 표현되도록 해야 합니다. 많은 경우 좋은 생각들이 완전히 표현되지 못하는데, 이렇게 하면 여러분이 깨달음을 얻고 성장하는 데 도움이 되는 내적 민감성이 지속적으로 손상되고 결국 죽고 맙니다. 끊임없이 자기 자신에게 상처를 주기 때문에 여러분 내면에 부정적인 것이 만들어지는 때가 옵니다. 이렇게 여러분의 양심을 죽이는 것이야말로 모든 죄 중에 가장 큰 죄입니다.

양심은 우리 마음이 아니며 원초적 충동도 아니고 감정도 아닙니다. 이것은 우리 내면에 있는 깨끗한 거울입니다. 이것은 우리 마음과 마음이 지어내는 모든 문제를 다루는 데 도움을 줍니다. 자신의 양심을 죽이지 않는다면 양심이 우리를 지혜롭게 이끌어줄 것이므로 우리는 결코 실수를 범하지 않을 것입니다. 그런데 우리는 실수를 범하고, 실수를 할수록 계속 자기 자신을 탓하고 비난하면서 자신의 양심에 더욱 상처를 입힙니다. 그러니 여러분의 양심이 무지라는 먼지에 덮이지 않게 하고, 양심이 상처를 입거나 훼손되지 않도록 해야 합니다. 양심에 귀 기울이면서 깨끗하게 간직하세요.

　서양에서는 모든 사람이 직업을 가지고 있습니다. 그런데 쉽게 이직할 수 있다고 생각하기 때문에 현재 직업을 가치 있게 여기지 않습니다. 이것은 믿어도 되는 사실입니다. 만일 어떤 의사가 진료하는 것이 싫어지면 의사라는 직업을 버리고 다음날 목수가 되기도 합니다. 다른 나라에서라면 이렇게 열린 생각으로 경제활동을 할 수 없고, 직업을 구하기도 어렵기 때문에 그런 사람을 볼 수 없습니다. 하지만 이곳 서양에서 사람들은 자유를 누리지만 모두가 불행하다고 느낍니다. 여러분은 정말 원하는 일이 아닌 일을 하면서도 그 일을 계속 해야 한다고 생각합니다. 이로 인해 마음에 끊임없이 갈등이 일어나는데, 이 갈등이 여러분이 불행하다고 느끼는 원인입니다.

　여러분의 선구자, 위대한 철인들은, 모든 행동이 의무가 되게 하라고 했습니다. 다른 사람들, 아내나 아이들, 이웃을 위해 또는 국가나 인류를 위해 진심으로 행동할 때 이렇게 됩니다. 여러분이 행동에 대해 책임을 지겠다고 했기 때문에 행동이 의무가 되는 것입니다. "이 사람은 내 아내야. 그러니까 아내를 위해서 이걸 해야 해."라는 의식을 가지고 행동한다면 이것이 의무가 됩니다. 그러나 애석하게도 나는 자신의 의무로 인한 중압감으로 힘들어 하는 주부들을 알고 있습니다. 내가 "잠시 앉아서 차 한 잔 마시면서 쉬세요."라고 말하면 그들은 손사래를 치며 이렇게 말합니다. "집에 가야 해요. 저는 주부예요. 애들이 학교에서 돌아올 시간이라서 얼른 집에 가야 해요."

또는 이렇게 말합니다. "집세와 세금을 내야 하고, 먹고 살아야 하니까 이 일을 하는 거예요. 그게 일하는 이유예요. 그런 게 아니면 이 일을 안 할 거예요."

이렇게 여러분은 하고 싶지 않은 일을 하고 있습니다. 그래서 행복하지 않고, 늘 스트레스를 받고 있습니다. 스트레스의 원인은 의무를 다하는 일을 하고 싶지 않지만 어쩔 수 없이 하기 때문입니다. 귀찮은 일을 짜증을 내면서 하고 있는 것입니다. 이런 태도를 바꿔야 합니다. 사랑과 기쁨의 영성으로 자기 책임을 다하는 것을 배워야 합니다. 하루 종일 힘들어하면서 의무를 다하고 있다면 그 의무가 여러분을 노예로 만들 것입니다.

여러분이 기억해야 할 게 몇 가지 있습니다. 첫째, 여러분은 행동하지 않고 살 수 없습니다. 둘째, 행동에는 결과가 따릅니다. 셋째, 의무를 다하지 않고 살 수 없습니다. 넷째, 의무를 대하는 잘못된 태도는 여러분을 노예로 만듭니다. 그러면 어떻게 하면 자유로울 수 있을까요? 자유로워지는 데 필요한 한 가지 중요한 기술은 여러분의 의무를 사랑하는 것입니다.

사람들은 하고 싶지만 할 수 없는 일을 자주 생각합니다. 그래서 스트레스를 받습니다. 이것은 자신의 의무를 사랑하는 방법을 모르기 때문입니다. 억지로 의무를 해야 한다고 느끼는데, 이 또한 아직 의무를 어떻게 사랑하는지 모르기 때문입니다. 의무를 일상의 하찮은 일이라고 여기며 하는 데에서 문제가 생기고 그 일의 노예가 되는 것입니다. 여러분이 반드시 배워야 하는 것이 의무를 사랑하는 것입니다.

그렇다면 이 사랑은 어떤 사랑일까요? 여러분은 한 가지 개념, 즉 아힘사ahimsa를 이해하면 사랑하는 법을 배울 수 있습니다. 요가수트라Yoga Sutra에는 열 가지 의무규율이 있습니다. 이것은 계율은 아니지만, 이 길에 전념하고 의무규율을 실천하기로 결심한다면 아주 많은 도움이 될 것입니다. 다른 모든 가르침을 받기 전에 수련해야 할 첫 단계가 아힘사, 즉 아무것도 해치지 않는 것입니다. 진리를 알려고 하기 전에 여러분은 먼저 아힘사, 사랑하는 법을 배워야 합니다. 세상에서 즐겁게 긍정적으로 살려면 사랑을 배워야 합니다.

하지만 사람들은 사랑의 의미조차 모릅니다! 누군가에게 차 한 잔을 주고 나서 두 잔을 돌려받는 것이 사랑이라고 생각합니다. 그러나 사랑의 진정한 의미는 주는 것입니다. 조건 없이 끊임없이 이기심 없이 주는 것입니다. 이기심을 버릴 때 여러분은 즐겁게 살 수 있습니다. 이기적일 때는 주려는 마음을 움직인 기대감 때문에 결국 문제가 생깁니다. 이것은 사랑이 아닙니다. 욕망과 사랑이 다른 점은, 사랑은 이기심 없는 행위고, 욕망은 기대를 품고 있는 행위라는 것입니다.

그러니 여러분의 의무를 사랑으로 빛나게 '닦기'를 배우세요. 사랑은 의무의 노예가 되는 것을 막아 주는 것입니다. 의무를 사랑으로 빛나게 닦고 기름칠하는 것을 배우게 되면 삶은 순조롭고 평온하게 흘러갑니다. 남편을 사랑으로 섬기고, 남편이 아내와 아이들에게 사랑으로 헌신하면 삶에서 문제란 없을 것입니다. 여러분의 신경체계는 불안하게 동요하지 않을 것이며, 화를 내는 일도 없이 항상 행복해질 것입니다.

자기 자신을 진정으로 이해하고 싶다면 습관과 삼스카라*Samskaras*의 차이를 이해해야 합니다. 습관이 인격을 만듭니다. 습관은 그 사람이 사용할 가면을 만들고, 이 가면이 그의 겉껍데기, 외적 삶입니다. 삼스카라는 무의식의 마음에 겹겹이 저장되어 있는 느낌 또는 인상들인데, 이것들이 여러분을 계속 행동하도록 자극합니다. 여러분이 행동하고 보고 들은 것은 전부 무의식의 마음에 인상을 남깁니다. 삼스카라에는 많은 층을 이루는 많은 차원이 있습니다. 여러분의 욕구와 행위에 대한 인상들이 잠들어 있는 것입니다. 때로 이들 삼스카라가 깨어나 움직이면 여러분의 마음과 감정을 자극하고 조종합니다. 예를 들어, 어떤 날은 행복한 기분으로 '아, 정말 기분이 좋다! 난 아무 걱정 없어.' 하다가, 마음에 삼스카라 거품이 일어나면 갑자기 우울해집니다. 여러분은 삼스카라를 통제할 수 없지만 삼스카라는 여러분의 감정, 내면의 삶을 조종합니다.

요가 수련자들은 삼스카라에 대해 자주 이야기하는데, 이 용어를 제대로 이해하지 못하고 개인적인 문제를 변명하는 개념으로 사용합니다. 내가 어떤 사람에게 묻습니다. "아내와 왜 이혼했습니까?" 그는 대답합니다. "삼스카라 때문입니다." 어떤 사고를 당하거나 아프거나 무슨 문제가 생기면 그들의 삼스카라 때문이라고 말하기도 합니다. 이렇게 말하는 것은 도움이 되지 않습니다. 자신이 정말 하고 싶은 말이 뭔지도 모르고, 자신을 이해하는 데 대한 책임도 받아들이지 않기 때문입니다.

여러분은 마음의 아주 작은 부분, 즉 의식의 마음만 갈고 닦을 줄 압니다. 그러나 의식의 마음은 실제로 무의식의 마음이 제어하기 때문에 영적인 진전을 이루기 어려운 것입니다. 의식의 마음은 감각을 통해 활동하고, 이미 마음에 있는 어떤 인상과 관련된 일이 일어나면, 이때 인상, 또는 삼스카라가 활동을 시작합니다. 여러분의 모든 행동이 무의식의 마음에 인상을 남기기 때문에 이런 인상들이 여러분의 삼스카라가 됩니다. 그러므로 여러분의 삼스카라는 여러분의 삶을 조종합니다. 그러니 영적으로 성장하자면 삼스카라를 정화해야 합니다.

그러자면 먼저 욕망을 초월해야 합니다. 욕망을 초월하는 알려진 방법은 단 두 가지입니다. 욕망을 포기하는 것과 욕망을 충족시키는 것입니다. 욕망을 포기하고 의무를 행하는 것과, 원하는 욕망을 가려서 최소한으로 줄인 다음 그것들을 행동에 옮기는 것입니다. 그러나 행동으로 욕망을 충족시킬 때에는 반드시 사랑으로 해야 한다는 것을 잊지 마세요.

출가자와 스와미는 빛, 즉 내면의 위대한 불, 지식의 불로 삼스카라를 태워 정화합니다(스와미는 지식의 색, 불의 색을 상징하는 샤프론 색 옷을 입습니다. 서원을 발할 때 "나는 지식의 불 속에 내 욕망을 전부 태웠다."라고 한 다음 이 색깔의 옷을 입게 됩니다). 출가자와 스와미는 명상 중에 숨어 있고 묻혀 있는 모든 인상을 의식적으로 끌어내서 자신의 마음에게 그것들과 대면할 준비가 되었다고 말합니다. 이런 결단력과 의지력을 길렀다면 그들은 정신적으로 모든 삼스카라를 태울 수 있습니다. 삼스카라는 전부 정신적 인상입니다. 견고하거나 물질적인 것이 전혀 없습니다. 이 모든 과거의 인상은 태워 없앨 수 있으며, 그런 다음 수도자들은 삼스카라에서 벗어납니다. 이제 그들의 목표는 마음의 의식 측면을 확장해서 무의식을 없애는 것입니다. 그러나 이 길은 모든 사람이 갈 수 있는 길이 아닙니다.

삼스카라를 정화하는 또 다른 방법이 있습니다. 욕망을 초월한 후에는 자리에 앉아 깊은 명상을 하며 결단력을 키울 수 있게 됩니다. 이때 자신의 마음과 삼스카라에게 "지금 이 시간, 내 마음은 오직 명상으로 향한다. 나는 명상을 해야 하며, 내 마음이 일으키는 망상과 혼돈의 수렁을 벗어나는 법을 배워야 한다."라고 말합니다. 그런 다음 모든 인상을 떠오르게 해서 자신이 그것에 휘말리지 않게 해야 합니다. 이 방법은 '내면 점검' 또는 내성(內省)이라 부르며, 이로써 서서히 삼스카라를 관조하고 초월하는 법을 배우게 됩니다.

여러분이 항상 이 두 가지를 기억하면 후회하는 일은 없을 것입니다. 두 가지는 죽음과 실재(實在)입니다. 죽음은, 우리가 결국 이곳을 떠나야 한다는 것과, 이 세상은 정류장이며 우리가 여행 중이라는 것을 인식하는 데 도움이 될 것입니다. 실재를 기억하면 우리가 강하다는 것을 깨닫는 데 도움이 될 것입니다. 실재는 우리 내면에 있습니다. 우리가 어디를 가든 이 실재와 함께 걷습니다. 죽음은 이 물리적 자아가 결국 사라질 것이므로 세상에 애착을 갖지 말 것을 우리에게 상기시킵니다. 여러분은 사랑으로 의무와 책임을 다하기만 하면 됩니다.

제9장
사랑하는 관계에서의 영성

나는 사람을 사랑하지 않고 살 수 있다는 것을 납득할 수 없습니다. 한 사람을 사랑하지 못한다면 어떻게 전 우주를 사랑할 수 있을까요? 그리고 이 우주를 사랑하지 못한다면 신성神性을 논하는 것이 무슨 소용이 있을까요? 여러분이 얼마나 사랑이 많은 사람인가 하는 것이 여러분의 행동에서 중요하게 작용하는 부분입니다.

'사랑'이라는 말은 현대사회에서 그 뜻을 잘 모르고 제일 많이 사용되는 용어입니다. 사람들은 부모에게 사랑한다고 말하는데, 진심 어린 마음이 아닌 경우가 많습니다. 그러면서 "사랑해."라고 말한다면 그건 거짓말을 하는 것입니다. 누군가를 사랑하면 그에게 거짓말을 하지 않습니다. 거짓말을 한다면 그것은 사랑이 아닙니다! 그런데 많은 사람들이 한 가지 표현밖에 할 줄 모르고, 그래서 누군가의 마음에 상처를 줍니다. 마치 개인적으로 사랑한다는 듯한 암시로 들리고 그러다 떠나면 분개하고 비난합니다.

또 한 가지 중요한 문제는 한 사람을 사랑하기 위해서는 다른 사람들을 배제해야 한다는 생각입니다. 사랑이라는 이름으로 한 사람을 독점하려 하면서 그 밖의 사람들을 미워하거나 두려워합니다. 이러면서 생겨난 불안감은 점점 커지고, 일상의 삶도 절망적이 되면서 결국 삶이 무너지고 맙니다. 삶을 즐기지 못하는 이유가 이것입니다. 불안에 떨면서, 사랑한다고 주장하는 사람을 소유하려 하기 때문입니다.

인간은 삶이 무엇인지 확실하게 알아야 합니다. 그래야 삶의 목적을 이룰 수 있습니다. 자신의 에너지를 낭비하지 않고 자기 자신을 괴롭게 만들지 않으면 목적을 이룰 수 있습니다. 자신의 에너지를 모으고 내면의 불을 지펴서 이 불꽃에 자신을 씻으면 삶은 만족스러울 것입니다. 그러나 에너지를 흩뜨리면 여러분 삶의 목적은 결코 성취할 수 없습니다. 그러니 삶을 있는 그대로 즐기는 법을 배우세요. 삶은 매순간 즐거야 합니다! 과거의 즐거움은 지나갔고, 미래의 즐거움은 상상에 불과합니다. 그러니 지금 이 순간 삶을 즐기는 법을 배우세요. 그러자면 삶의 여정을 따라가는 법을 알아야 하며, 아무도 해치거나 상처를 입히지 않고 삶의 흐름을 즐기는 법을 알아야 합니다.

요가 철학에 따르면 인간에게는 영성, 인간성, 동물적 속성이라는 세 가지 자질이 있습니다. 이것은 사트바*sattva*, 라자스*rajas*, 타마스*tamas*라고도 합니다. 삶에서 균형과 평온함과 평정심을 갖게 하는 속성은 사트바입니다. 여러분이 사트바 상태에서 평화로울 때는 차분하고 모든 것을 사랑합니다. 아무도 미워하거나 질투하지 않습니다. 이런 까닭에 요가학에서는 아힘사, 즉 비폭력을 가르칩니다. 그런데 여러분이 비폭력을 실천하고 싶다면 진리보다 사랑이 먼저라는 것을 알아야 합니다. 사트야*satya*(진리)는 사랑 다음에 일어납니다. 그러므로 먼저 아힘사(사랑)를 알아야 합니다. 아힘사를 이해하지 못했다면 진리를 실천할 수 없습니다. 여러분의 목표는 사랑을 실천하고 진리를 말하는 것을 배우는 것입니다. 위대한 성경과 모든 문명의 경전은 타인을 사랑하고 진리를 말해야 한다고 가르칩니다. 여러분의 부모님도 이런 말을 했지만 실천 방법을 설명하지는 않았습니다. 여러분에게는 본보기가 있어야 하고, 요가학이 그것을 알려 줍니다.

사랑을 키워가는 실천의 현장은 여러분이 사는 곳, 즉 가족, 친구, 동료, 이웃과 더불어 사는 곳입니다. 사랑을 성장시키기 원한다면 폭력을 행하지 말아야 합니다. 남편이나 아내, 자녀, 친구에 대한 사랑을 키우기 원한다면 생각과 말과 행위로 폭력을 행사하지 말아야 합니다. 그들을 아프게 하고 상처를 주고 죽이려는 마음을 자제한다면 여러분은 자연스럽게 사랑으로 다가갈 것입니다. 아힘사의 이런 원리를 지키면 여러분은 진리를 실천할 수 있게 됩니다.

하지만 여러분의 에고는 인성과 의식의 발전을 가로막는 견고한 요새입니다. 에고의 역할은 여러분이 외부세계에서 임무를 잘 수행하도록 돕고, 살면서 다양한 활동이 조화를 이루도록 돕고, 마음의 내면에 방향을 제시하는 것을 돕는 것이어야 합니다. 에고가 여러분을 지배하도록 허용한다면 성장할 수 없으며 영적으로나 인격적으로 가치 있는 어떤 것도 성취하지 못할 것입니다.

여러분이 타인에 대한 사랑을 어느 정도 가지고 있는지 알 수 있는 한 가지 방법이 있습니다. 고요하게 앉아서 자신의 두려움을 차분하게 관찰해 보는 것입니다. 두려움이 자꾸 커지면 사랑은 점점 작아집니다. 두려움이 점차 작아지면 그때 더 많은 사랑을 갖게 될 것입니다. 두려움이 전혀 없다면 완전한 사랑을 줄 수 있습니다. 두려움은 여러분이 얼마나 사랑할 수 있는지를 말해 줍니다. 그러니 두려움에 살지 말고 사랑 안에 살기를 배우세요. 항상 유쾌하고 열정적으로 나누세요. 신의 섭리에 맡기고 여러분에게 필요한 것을 받을 것이라고 믿으세요.

그런데 삶을 관찰하고 인식할 때 사람들은 일반적으로 자기 자신보다는 외적인 것에 집중합니다. 그래서 타인을 관찰하면서 그들의 행동, 말, 기분을 주시하며 판단합니다. 그러나 자신이 왜 그렇게 생각하고 행동하고 말하는지를 알고자 하지 않습니다. 여러분의 에너지는 외부로 집중되고, 관심이 온통 밖으로 쏠려 있기 때문에 자신이 지닌 이런 부정적 습관을 없애려는 노력을 하지 않게 됩니다. 자기 자신을 모르면 다른 사람을 알지도 이해하지도 못하는 것입니다. 그러니 자신을 변화시키고 싶다면, 올바르게 교정하고 싶다면 남을 관찰하고 바꾸려는 시도를 하지 마세요. 외부 세계에서는 모든 것이 움직입니다. 모든 것이 덧없이 지나가고 영원한 것은 아무것도 없습니다. 이런 세상에서 살아야 하고 또 잘 살아야 하는 여러분은 자신을 잘 알아야 합니다.

사랑은 타인을 존중하는 마음을 배우는 것입니다. 사랑은 누군가에게 단순히 감각적으로 갖는 자연발생적인 느낌이 아닙니다. 이런 느낌은 사랑이 아닙니다. 단 며칠 동안 지속되다 사라지는 감정에 불과합니다. 진실로 사랑하게 되면 주고 또 주면서도 대가를 바라지 않습니다. 주는 것을 배우면, 삶의 진정한 법칙이 주는 것이라는 사실을 깨닫게 되고, 더 많이 줄수록 더 많이 받는다는 것도 깨닫게 됩니다. 사랑은 언제나 아무것도 기대하지 않고 순수한 마음으로 주는 것임을 알게 됩니다. 기대하는 마음이 삶에서 일어나는 모든 문제의 산실입니다. 사람들에게서 너무 많은 것을 기대합니다. 그들과의 관계에 희망을 품고 너무 많이 기대하다가 결국 실망하고 맙니다. 이 현실을 깨달으면 여러분은 기대를 조절하고 타인과의 관계를 조화롭게 맺을 수 있습니다.

누구도 사랑하지 못하는 사람은 사실 이기적인 사람입니다. 그러나 이기심을 버릴수록 여러분의 단순한 마음으로는 상상도 할 수 없는 자유를 누리게 된다는 것을 알게 됩니다. 현대사회에서 사람들은 자기 자신만을 위해 사는 법을 배우고, 소유한 것이나 소유하고 싶은 것들에 중요한 가치를 두는 것을 배웁니다. 이것이 살아가기 위한 한 가지 길입니다. 그러나 여러분이 타인을 위한 진심 어린 마음으로 그들을 위해 봉사하면서 살고 싶다면 그것은 전혀 다르게 살아가는 길입니다. 전자는 여러분의 인성을 편협하게 하지만 후자는 확장합니다. 이것이 다른 점입니다. 지금까지 이기적으로 행동하는 습관에 젖어 있었기 때문에 여러분은 자신의 관점과 욕구만을 중시했습니다.

세상의 여러 다른 문명에서 모든 위인들은 이기심이 없는 사람들이었습니다. 그리스도와 붓다와 크리슈나 같은 인물들은 이기심이 없었기 때문에 최고의 지혜를 얻었습니다. 그러면서도 본래의 자신을 변함없이 지켰습니다. 이기심은 필요하지 않습니다. 이기심은 여러분의 길을 방해할 것입니다. 이기심을 버리면 개성적인 여러분 외면의 껍데기는 전혀 변함이 없겠지만, 내면의 빛은 우주적 양심으로 확장될 것입니다. 이 사랑의 불꽃이 이기심이라는 잡초를 태워 없앨 커다란 불꽃이 될 것입니다. 사랑하는 법을 배우면 진리는 저절로 올 것입니다.

그렇지만 단순히 외적으로 또는 천박한 방식으로 사랑에 접근하지 마세요. 누군가에게 육체를 준다는 것은 사랑이 아니라 정욕일 뿐입니다. 나는 완전히 이기심을 버린 사랑을 이야기하고 있습니다. 이런 사랑에서 여러분은 주고 싶어지고 주는 것에 큰 기쁨을 느끼며, 인간으로서 훌륭한 일을 했다고 느낍니다. 여러분은 주는 것과 진정으로 사랑하는 것을 배워야 합니다.

기껏 자신의 이기적 욕망을 채우려고 이 세상에 온 것이 아니라는 것을 깨닫는 날은 여러분에게 위대한 날이 될 것입니다. '봉사'라는 말의 산스크리트어는 세바*seva*인데, '즐기는 것'이라는 의미도 있습니다. 타인에게 봉사하는 것을 단순히 남을 돕는 행위로 여길 것이 아니라 그 행위를 진심으로 즐겨야 합니다. 세상에서 가장 아름다운 행위는 조건도 전제도 없이 주는 것입니다. 사랑하는 마음으로 기쁘게 주고 나면 여러분이 제일 잘한 행동이 조건이나 전제 없이 준 행위라는 것을 깨달을 것입니다. 어머니는 이런 사랑의 상징입니다. 아이를 출산할 때 죽음 같은 고통을 겪기 때문입니다. 사랑으로 참아내기 때문입니다. 이 과정을 결코 거부하지 않습니다. 훌륭한 어머니는 자기 아이를 위해 무엇이든 합니다.

바가바드기타Bhagavad Gita는 이렇게 말합니다. "성취한 이, 깨달은 이, 그는 어떻게 걷고 어떻게 앉고 어떻게 생각하는가?" 인간은 태도와 행위와 말로 그 사람을 알고 이해할 수 있습니다. 그리고 생각과 말과 행위에 조화를 이룬 사람들은 참으로 아름답습니다. 좋은 생각은 부정적이지 않고 소극적이지 않으며 이기적이지 않습니다. 좋은 행동은 이기심 없이 진심으로 남을 돕는 것입니다. 좋은 행동으로 개인적인 이익을 취하지 않고, 남을 돕는 옳은 행동을 자발적으로 합니다. 이것이 아름다움의 참의미입니다. 진정한 아름다움은 행동과 생각과 말, 이 세 가지에 존재합니다. 그러면 여러분의 좋은 생각이 행동으로 옮겨지게 하는 방법은 무엇일까요? 기도도 도움이 되겠지만 기도만으로는 행동 실천을 배우는 답이 되지 않습니다. 여러분 자신이 행동을 제어해야 합니다. 왜냐하면 여러분이 그 행동의 주인이며 소유자이기 때문입니다. 기도는 다른 면에서 도움이 되지만 행동으로 옮기는 면에서는 아닙니다.

여러분은 좋은 사람이 되고 싶어도 그 방법을 배운 적이 없어서 실천하지 못합니다. 삶의 진정한 가치를 이해하지 못하고, 삶의 원칙이 '주는 것'이라는 진리를 이해하지 못합니다. 주는 것이야말로 자유로워지는 유일한 길입니다. 다른 길은 없습니다. 백 년 동안 기도할 수도 있고 위대한 스와미가 되거나 성공한 사람이 될 수도 있지만, 삶의 원칙이 '주는 것'이라는 사실을 이해하지 못하면 여러분의 앞날은 어둡습니다.

사람들은 어떤 행동을 하고 나서 자기가 훌륭한 카르마 요기가 되었다고 생각합니다. 돈을 벌어서 착한 후원자가 되거나, 아이들을 양육하고 아내를 보살피면서 자기가 훌륭한, 영적으로 성장한 사람이라고 생각합니다. 그러나 이것으로는 충분하지 않습니다. 여러분은 사랑으로 의무를 다해야 합니다. 이것이 위대하고 심오한 행위입니다. 진심 어린 사랑으로 의무를 다하는 것만이 사랑을 실천하는 행동입니다.

그런데 여러분은 자신의 의무가 무엇인지 궁금해합니다. 무슨 일을 하든, 어디에 있든 현재 일어나고 있는 것에 관심을 갖는 것, 이것이 당신의 의무입니다! 여러분에게 다가오는 것은 여러분의 의무입니다. 그러나 이 의무를 그저 기계적으로 한다면 여러분은, 세상에 시간을 알리지만 자기가 시간을 알려 준다는 것을 모르는 빅벤Big Ben 시계보다도 향상이 없는 것입니다. 행동해야 합니다. 그러나 사랑하는 마음을 가지고 행동하세요. 마음자세를 이렇게 갖도록 노력하세요. 아픈 아내에게 차나 물 한 잔을 가져다줄 때에도 사랑하는 마음으로 하세요. 아내를 위해 물 한 잔을 탁자에 놓아 주는 것도 행동하는 것이지만 사랑으로 의무를 다하는 것은 아닙니다. 모든 행동에 사랑이라는 기름을 치세요.

인간이 창조한 것 중에 가장 고귀한 것이 사랑입니다. 여러분은 이 사랑을 할 수 있습니다. 사랑은 하늘에서 뚝 떨어지는 것이 아닙니다. 사랑은 배려하고 보살피고 나누며 양보하고 주는 것입니다. 사랑은 준다는 의미입니다. 누구를 사랑하든지 한 가지 중요한 결심을 하세요. 여러분의 마음과 행동과 말로 그 사람에게 상처를 주지 않겠다는 결심을 하세요. 아힘사(비폭력)는 사랑의 표현입니다. 아힘사와 사랑은 하나이고 같은 것입니다. 사랑을 표현하는 것을 배우고, 타인을 향해 사랑을 표현하는 태도를 기르려고 노력하세요.

부부는 서로 아무 조건도 제한도 없이 주는 것을 배워야 합니다. 집밖에서는 먼저 자신을 방어하고 나서 행동합니다. 그러나 가정에서는 동반자에게 전적으로 의지해야 하며 방어하려고 애써서는 안 됩니다. 지혜로운 사람들은 그들 가족이 방해받는 것을 용납하지 않습니다. 여러분도 가족의 삶을 아무도 방해하지 못하게 해야 합니다. 가정은 평화의 전당이어야 하기 때문입니다. 여러분이 피곤하고 힘들 때 달려가 위안을 얻을 수 있는 곳이 아내와 아이들이 있는 가정이기 때문입니다.

많은 사람들이 영적 길을 가기 위해서 집과 가족을 떠나거나 먼 곳으로 가야 한다고 믿습니다. 이럴 필요도 없고 도움이 되지도 않습니다. 출가자와 한 가정의 가장의 길이 다른 점은 출가자는 타인의 자선으로 살기 때문에 수행할 시간이 많다는 것이고, 가장은 물질적 수입은 있지만 영적 수행을 할 시간이 없다고 느끼는 것입니다. 가장으로서 생계를 유지하는 데에 전념하지만, 출가자는 시간을 보내는 데에 골몰합니다. 가장들은 생각합니다. '사제나 현자, 스와미와 요기들의 삶은 얼마나 좋은가. 세상에서 제일 행복한 사람들이야.' 그러나 요기들은 '먹을 게 아무것도 없네! 내일 뭘 먹지?'라는 생각을 합니다. 영적 도정에서 발전하기를 원한다면 지금 있는 곳에서 삶의 기술과, 여러분 가족과 더불어 사는 것을 배우세요.

좋은 삶의 목표는 여러분의 자연스러운 욕구를 적절히 만족시키는 것입니다. 그렇게 되면 삶의 더 높은 단계를 더 쉽게 탐구할 수 있습니다. 그러나 많은 장애물과 어려움이 있으면 더 높은 차원을 추구하는 것이 어렵습니다. 외부세계의 모든 것, 즉 높은 수입과 단란한 가정, 편리한 물건을 소유하는 것 등은 여러분의 자연스러운 욕구를 충족하는 수단입니다. 그러나 더 차원 높은 목표를 이룩하는 수단이 될 수도 있는 그런 것들이 오히려 장애가 될 수 있습니다. 가족관계에서 서로 돕고 나누는 좋은 남편이나 아내는 안락한 삶을 위한 수단이지만, 이 관계는 심각한 문제를 일으킬 수도 있습니다. 여러분의 문제는 그런 수단 때문이 아니라 그

수단을 사용하는 방식 때문에 일어납니다.

우리의 삶은 아주 짧은데, 여러분은 그것을 너무 낭비하고 있습니다. 시간을 유용하게 사용하도록 끊임없이 주의를 기울여야 합니다. 그래야 활짝 핀 꽃이 그 향기를 모두에게 선사하듯 삶이 결실을 맺고 유익한 것이 됩니다. 결혼과 가정의 영적 의미는 가정과 결혼생활을 행복하게 가꾸어서 그 행복이 다른 사람들에게 퍼져나가도록 하는 것입니다. 이를 성취하는 데에 가족관계는 훌륭한 역할을 합니다. 가정은 우리 내면의 영적 체험과 깊이 관련이 됩니다. 가정은 말하자면 실습실과 같아서, 가정에서 사랑에 대해 배웠을 때 우리는 세상으로 나가 공동체와 세상에 유익한 일을 할 수 있습니다. 그러나 집에서 그렇게 배우지 못하면 우리는 밖에서 실패할 수밖에 없습니다.

남자와 여자는 본질적으로 다른 두 힘입니다. 각각 깨달음을 얻을 수는 있지만 서로 진정으로 사랑할 줄 모릅니다. 이것이 심각한 문제를 일으켜서, 사회가 무너지고 미래세대인 우리 자녀들, 훌륭한 시민으로 성장하기를 기대하는 우리 아이들에게 상처를 줍니다.

자신이 누군지 한번 생각해 보세요. 당신은 인격을 지녔고, 인격은 당신의 특별하고 고유한 성격으로 제어됩니다. 성장해 오면서 습관패턴이 당신의 성격을 만들었습니다. 당신만의 습관이 있고 배우자는 당신과 다른 그만의 습관이 있습니다. 그런데 당신은 그것 때문에 부부가 조화를 이룰 수 없다고 생각합니다. 당신과 배우자는 좋은 사람들이지만 습관패턴이 각자의 에고를 자꾸 키웁니다. 그러면서 두 사람 사이를 분리하는 장벽이 생겨나고, 각자 자기 에고의 테두리 안에 머물러 있게 됩니다. 두 사람은 아름다운 사람들이지만, 습관패턴이 달라서 갈등을 일으키기 때문에 서로 조화를 이루고 살지 못합니다.

남자와 여자는 같은 것을 기대합니다. 어느 날 꿈꾸던 사람이 그들 삶으로 들어올 것이라 기대하고, 그 사람과 결혼하고 행복하게 산다면 인생의 목표는 이루어질 것이라고 기대합니다. 사람들은 왜 자신이 결혼이 하고 싶은지 그 이유를 모릅니다. 상대를 돕고 싶다고 말하지만 사실 솔직한 마음은 아닙니다. 두 사람 모두 애초부터 결혼하는 진짜 목적을 잘 모르기 때문에 행복하게 결혼생활을 하는 방법도 당연히 모릅니다. 결혼생활에 현실적이지 않기 때문에 실망하고 맙니다. 여러분은 삶과 결혼을 현실적인 관점에서 보아야 합니다.

사람들은 혼자서는 불안하기 때문에 결혼하려고 합니다. 곁에 아무도 없으면 살지 못합니다. 이것이 결혼을 원하는 이유입니다. 아주 단순한 이유입니다. 그리고 사람들은 만족을 얻기 위해 결혼을 원합니다. 여러분의 빛은 인정받고 싶어 하는 욕구가 있습니다. 그러나 다른 사람에게 있는 빛도 인정해 주어야 합니다. 여러분도 빛이고 그 사람도 빛이며, 이 빛은 하나입니다. 그런데 왜 문제가 있는 것일까요? 서로에게 있는 빛이 하나라는 것을 이해하지 못해서 문제가 생기는 것이며, 여러분이 자신과 실재 사이에 벽을 쌓기 때문입니다.

 영적인 관점에서, 사람들은 왜 어떤 특정한 사람과 결혼하고 싶어 할까요? 결혼은 성적인 충족만을 위한 것이 아닙니다. 그런 충족을 위해서라면 아무나 선택할 수 있습니다. 결혼에는 그 이상의 더 많은 것이 있습니다. 왜 그렇게 결혼하고 싶어 할까요? 어떤 사람을 찾도록, 찾아서 결혼하도록 충동하는 내면의 욕구는 무엇일까요? 그것은 우리 내면 깊은 곳에 있는, 나누고 싶고 주고 싶어 하는 욕구이며 우리는 그것을 사랑이라고 부릅니다. 그러니 상대방을 정말 사랑하고 싶다면 그 사람의 육체와 능력만을 사랑하거나 중시해서는 안 됩니다. 상대의 얼굴에서 신성이 빛나는 것을 보았기 때문에 그 사람을 사랑하는 것이어야 합니다. 그 사람에게는 빛이 있습니다. 여러분은 빛을 사랑합니다. 등잔의 심지나 기름 또는 등잔 받침대를 사랑하는 것이 아니라 등잔 빛을 사랑합니다. 그 빛 때문에 등잔을 사랑하는 것입니다. 결혼하고 가정을 이룰 때 여러분은 이와 같은 인식을 해야 합니다. 여러분이 선택한 사람에게 있는 빛을 사랑해야 합니다. 이것을 깨닫지 못한다면 여러분이 이기적이기 때문입니다.

  우리 삶에는 두 가지 법칙이 있습니다. '축소의 법칙'과 '확장의 법칙'입니다. 여러분은 이 법칙을 영성의 길에 그리고 결혼생활의 목표에 적용하기를 배워야 합니다. 자신의 인격과 의식을 확장하고 싶다고 말하면서도 여러분의 실제 태도와 행동은 축소의 법칙을 따르고 있습니다. 자신을 개별적 존재로만 생각하기 때문에 인격이 축소되고 점점 더 이기적이 됩니다. 그러나 확장의 법칙을 따를 때는 자신이 우주와 하나라는 것을 알게 됩니다. 이런 깨달음이 여러분의 목표가 되어야 합니다. 마지막 숨을 쉬는 순간까지 분리된 개별자로 산다면 여러분은 성장할 수 없고 시간을, 삶을 그저 낭비할 뿐입니다. 모든 차원에서 얻고자 하는 즐거움은 단지 이기적인 차원에 그칠 것이며, 삶의 목적도 깨닫지 못하고, 인간관계가 여러분의 인격 확장에 어떤 도움이 되는지도 완전히 이해하지 못할 것입니다.

  때로 사람들은 결혼으로 배우자와 하나가 될 것이라고 생각하지만 그건 불가능합니다. 그렇게 되려고 애쓰지 마세요. 그렇게 애써도 둘이 하나가 되는 것은 불가능합니다. 여러분은 두 개의 1이 따로 독립된 숫자 11처럼 되어야 합니다. 두 사람이 11처럼 생각할 때 이 삶을 함께 즐기게 될 것입니다. 서로를 개별적 존재로 존중하고, 개별 존재로서 타인의 독립을 존중하게 됩니다. 이런 자세로 시작하고 상대방을 더 잘 이해하려고 노력하면서 존중과 사랑을 더하세요.

결혼은 참으로 위대한 경험이며, 존경받고 이해되어야 할 제도입니다. 온 누리에 퍼지는 사랑의 중심이 되어야 합니다. 그러나 아쉽게도 현대사회에서 이 사랑의 중심은 자주 증오의 중심이 되고 맙니다. 남자와 여자는 모두 배우자에게 적개심과 분노를 드러냅니다. 그 밖에 아무것도 할 수 있는 게 없다고, 어쩔 수 없다고 느낍니다. 이런 태도로 한 지붕 아래 살면서 평생을 잔소리하고 잔소리 들으며 지냅니다. 서로 비난하고, 서로의 잘못을 따지면서 시간과 에너지를 낭비합니다. 이런 관계에 모든 에너지를 헛되이 쓰고 있는 것입니다. 이렇게 하면서 살 이유가 없습니다. 서로 이해하려는 마음으로 사이를 좁히도록 노력해야 합니다. 자신이 잘못을 저질렀다고 깨달으면 다시 같은 잘못을 저지르지 않으면 됩니다. 그러면 자유로워집니다. 자기 자신에게 용서받은 것입니다. 여러분이 자신에게 용서받았다면 주님께서도 여러분을 용서하신 것입니다. 그런데 사람들은 일반적으로 자기 자신을 용서하지 못해서 죄책감을 느낍니다. 이렇게 자신을 용서하지 못하면 타인에게 화를 내고 부정적 감정을 투사해서 타인의 삶까지 힘들게 만듭니다.

이해하는 마음에서 나오지 않는 사랑은 성장과 발전이 없습니다. 사랑은 상대방을 먼저 이해하는 것이며, 그 다음에 상대방을 있는 그대로 받아들이는 것입니다. 누군가를 진실로 사랑하면, 결혼을 결심할 때 서로에게 적응하는 것은 어렵지 않습니다. 결혼한 후에 이혼을 해서 상처를 주거나 상처를 받는 것보다는 결혼하지 않는 게 낫습니다.

나는 세상을 다니며 결혼한 부부를 많이 보아 왔는데, 중매결혼이 소위 '연애결혼'보다 더 성공적이라는 사실을 알게 되었습니다. 연애를 할 때는 연인에게 자신의 제일 좋은 면만 보여 줍니다. 이런 사랑은 피상적인 것에만 근거했기 때문에 미래가 없습니다. 그러나 결혼은 힘 있고 거룩하며 지혜로운 것입니다. 누군가를 받아들이고, 누군가에게 받아들여지면 그 사람을 이해하고 그 사람에게 적응하고, 이기심 없이 주는 것을 배워야 합니다. 그 사람의 인격을 손상해서는 안 됩니다. 이해하고 적응하고 조건 없이 주는 것을 배우세요. 서로 이해하고 서로를 있는 그대로 받아들이게 되면 두 사람의 관계는 편안해지고 서로 도울 수 있게 됩니다. 미국에서 나는, 아내와 남편이 싸우고 나서는 관계를 회복하려는 노력을 하지 않고 다른 상대로 교체하려고만 하는 것을 많이 보아 왔습니다. 말하자면 고치려고 하지 않고 바꾸려고만 한다는 것입니다!

일상에서 만족감을 갖는 것이 우리의 목표라는 것을 기억하세요. 행복하고 만족하고 싶다면 자기 자신과 다른 사람들에게 적응하고 익숙해지는 것을 배우세요. 여러분의 마음과 행동과 말과 부합되지 않는 타인의 마음과 행동과 말과 조화를 이루도록 적응해야 합니다. 이렇게 하는 것이 어려울 수도 있겠지만, 이런 과정을 거치면 여러분은 자유롭고 만족스럽게 된다는 것을 알게 됩니다. 적응하는 것을 배우지 않고는 만족스럽고 행복한 삶을 결코 누리지 못할 것입니다.

나는 언젠가 독일에서 저명한 심리학자 오백 명이 참석한 어느 협회에서 강연을 한 적이 있습니다. 강연 요청을 받은 나는 "내가 진실을 말해도 된다면 가겠다."고 말했습니다. 나는 심리학자인 청중에게 이혼한 사람이 몇 명인지 물었는데, 대부분이 이혼한 사람들이었습니다. 그래서 나는 "여러분이 사회의 분열과 붕괴에 책임이 있습니다."라고 했습니다. 나는 그들과 맞서고 싶었습니다. 심리학자인 카운슬러들이, 부부가 서로에게 적응하려고 노력하는 것보다 이혼하는 게 낫다고 믿는다면 어떻게 결혼생활을 계속 유지하도록 도울 수 있겠습니까?

부부간의 문제로 상담을 받는 사람들은 때로 심리학자를 현대의 구루로 여기고 그들 말이 전부 옳다고 생각합니다. 그러나 때로 이들 카운슬러들은 부부를 이해하고 도우려는 진정한 노력을 하지 않습니다. 사람들은 카운슬러에게 자신들의 결혼생활이 개선되도록 도와줄 것을 믿으며 돈을 지불합니다. 그런데 치유사들은 헤어지라고 말합니다. 환자들은 이들 카운슬러들이 자기 내면의 감정과 갈등을 치유과정에 투영하고 있을 뿐이라는 것을 알지 못합니다.

　부부가 큰 기대를 갖고 도움을 받으려고 돈을 지불합니다. 그러나 치유사는 그들에게 잠시 헤어져서 생각할 시간을 가지라고 말합니다. 이것은 문제를 해결하는 치유책이 아니며, 치유사들이 이런 말로 용기는 주는 것으로 돈벌이를 해서는 안 됩니다. 치유사는 부부가 대화의 통로를 마련해서 서로 잘 이해하도록 돕는 방법을 알아야 합니다. 부부 사이에 소통이 잘 안 되는 경우에 이들이 효과적으로 소통하는 법을 배울 수 있도록 돕기 위해 모든 노력을 다해야 합니다. 이렇게 한다면 치유사의 상담은 성공할 것이며 전문적인 도움을 줄 수 있을 것입니다.

　교사와 의사, 심리학자와 카운슬러는 환자들에게 조언을 하고 유용한 도움을 주어야 합니다. 그래야 갈등이 사라집니다. 서로 잘 이해하도록 가르치고 소통을 회복하도록 도와서 가정생활이 파괴되지 않도록 해야 합니다. 그렇지 않으면 아이들이 가장 고통을 받습니다.

　어떤 부부는 행복하게 살고 또 어떤 부부는 좋은 사람인데도 잘 못사는 이유는 무엇일까요? 많은 부부가 사회적으로 성공하고 물질적으로 풍요롭게 바쁜 삶을 살지만 배우자와 친밀한 대화를 할 줄 모르고, 어떤 문제에 대해 충분한 소통이나 의견 교환을 하지 않습니다. 이들은 삶에서 중요한 많은 것들에 대해 서로 대화하지 않고 이해하지도 않고 살아갑니다. 이들은 인격과 소통을 확장하는 방법을 배우지 못했습니다. '남편이 나를 사랑했으면 좋겠어.' 또는 '아내가 날 사랑하긴 하나? 표현을 안 하니 알 수가 없어.'라는 생각을 하고 있는 부부라면, 참 괜찮은 사람들인데도 사랑을 표현하지 않아서 이혼할 수도 있습니다. 사랑을 표현하는 방법도 모르면서 평생 동안 사랑을 찾아 헤맬 수도 있습니다. 사랑을 갈망하지 않는 동물이나 피조물은 없습니다. 그런데 여러분이 갈망하는 그 사랑은 어떤 것입니까? 여러분에게 사랑은 어떤 의미입니까? 그 사랑을 어떻게 찾을 수 있습니까? 여러분이 찾고 있는 것을 설명해 보라고 한다면 아마 못할 것입니다. 여러분은 사랑을 설명할 수 없습니다. 사랑을 설명하려고 시도한다면 아마 행위를 묘사하는 것이 고작일 것입니다. 여러분은 사랑 자체를 설명할 수 없습니다.

세상에서 가장 오래된 언어는 사랑의 언어입니다. 우리는 때로 말이나 행동 없이 감정만으로 사랑을 표현할 수 있습니다. 예를 들어, 사랑에 빠지면 사람들은 자기만의 언어를 사용하고, 평소와 다른 몸짓을 하지만, 사랑하는 사이에서는 받아들여집니다. 사랑하는 사람에게 장난을 치거나 웃기는 표정을 지어도 상대방은 좋아합니다. 아마 같은 행동을 드러내놓고 다른 사람들에게 한다면 불쾌감을 유발할 것입니다. 이 사랑의 언어는 우리가 점잖게 의례적으로 하는 말과 달리 거짓말도 속임수도 아니고 세상을 왜곡하지도 않습니다. 예의를 지키려고 인사치레로 하는 말은 진심도 사랑도 없는 빈말에 불과합니다.

사람들이 싸우는 이유는 서로 이해하지 못해서입니다. 그러니 여러분의 배우자와 대화하며 의논하는 것을 배우세요. 그러면 모든 문제가 해결될 것입니다. 그리고 의논할 때는 상대가 아내나 남편이라고 해서 고집을 부리거나 이기려고 하지 말고 그 사람이 하는 말을 귀 기울여 들어야 합니다. 부부는 숫자 11처럼 두 개의 독립된 존재라는 것을 잊지 마세요. 두 사람이 서로 동등하다는 의식을 가져야 합니다.

그러나 소통에 틈이 생기면서 관계가 약화되는 때가 있기 마련입니다. 아내나 남편과 대화 없이 지낸다면 여러분 자신에게 문제가 있다는 것을 깨달아야 합니다. 두 사람 모두 이렇게 생각해야 합니다. 어떤 일이든 서로 의논하세요. 의논하지 않고 지내게 되면 소통은 끊어지고 맙니다.

모든 상황에서 의논하고 소통하는 것을 배우세요. 때로 욕을 해도 됩니다. 그것은 여러분의 감정을 토로하는 것이며, 지나친 정도가 아니라면 때로 치유 효과도 될 수 있습니다. 그리고 상대방이 분노나 욕구불만을 터뜨려도 막지 말고 받아들이는 자세를 익히세요. 상대가 화가 났을 때 여러분이 맞서서 말을 하거나 언쟁을 하지 말아야 한다는 것을 명심해야 합니다. 그러면 서로를 진정으로 이해하게 될 것입니다. 상대가 화를 낼 때 말없이 참아 주면 잠시 후에 "미안해."라는 말을 들을 것이고 그러면 문제를 해결할 수 있습니다. 서로 참아 주는 것을 배우세요.

소통은 신체적 차원이나 말 또는 글을 통해 시작되는 것이 아닙니다. 실제 소통은 말이나 글로 자신을 표현하기 훨씬 전에 생각 차원에서 시작됩니다. 여러분과 나는, 여러분이 이 책을 읽겠다는 생각이나 내가 이 책을 쓰거나 강의를 하겠다는 생각을 하기 훨씬 전부터 이미 소통하고 있었습니다. 두 사람 사이의 소통은 서로 알지도 못하고 만난 적이 없어도 시작됩니다. 소통은 생각 단계에서 시작되어 말과 행동으로 표현됩니다. 그러므로 여러분은 자신의 감정과 생각을 배우자에게 표현하는 법을 배워야 합니다. 서로 이해하려고 노력해서 여러분의 삶을 아름답게 만드세요. 시간은 짧고 할 일은 너무나 많습니다. 우리는 이 오해의 수렁을 건너야 합니다. 이것은 혼자서는 할 수 없는 일입니다.

페르시아의 어느 위대한 시인은 "사랑의 사다리에서 첫 번째 디딤대는 존중이다."라고 했습니다. 배우자를 존중하는 마음을 잃는 순간 여러분은 잘못되고 있는 것입니다. 아내나 남편을 존중하는 마음이 없다고 느끼는 순간 사랑은 떠나갑니다. 박티*bhakti*라는 말의 뜻은 '사랑 더하기 존중'입니다. 서로가 상대방을 존중하고 사랑하는 마음을 갖는 것입니다. 그러니 서로 존중하는 마음으로 대하면 다툼은 없을 것입니다. 존중하는 마음은 쉽게 '사라지지' 않습니다. 만일 사라졌다면 다시 또다시 갖도록 노력하세요. 여러분의 가슴과 마음에 있는 순수한 존중심을 오해가 빼앗아 갔다면 존중심을 다시 품으려는 노력을 해야 합니다.

전에 어떤 부부를 만났습니다. 아내는 조각처럼 아름다웠지만 남편은 다른 여자를 사랑하고 있었습니다. 남편은 아내를 존중했지만 사랑하지는 않았습니다. 나는 그 남편의 연인이 아름다운 아내보다 더 나은 점이 무엇인지 궁금했습니다. 그래서 남편에게 말했습니다. "당신 아내는 빼어나게 아름다워요! 사람들은 당신이 이 나라에서 가장 아름다운 아내를 가졌다고 생각할 겁니다!" 그랬더니 그 남편은 갑자기 울기 시작했습니다. 그래서 "아내가 당신을 사랑하지 않습니까?"라고 물었더니, "그런 것 같아요. 그런데 여자 친구는 나를 사랑해요."라고 대답했습니다.

결혼생활에서 외모나 차림새 또는 그 밖의 것들이 갖는 매력은 행복과 아무 상관이 없습니다. 그런 것은 며칠, 몇 달, 몇 년이 지나면 사라집니다. 인간에게 가장 좋은 점, 정말 중요하고 아름다우며, 가장 즐겁게 하는 것은 말하는 방식, 걷는 태도, 움직임과 몸짓 같은 행동입니다. 이런 것이 진정한 아름다움입니다.

사람 사이의 관계는 정말 즐거울 수 있습니다. 두 사람이 서로 잘 이해하고 받아들이면서 영성의 길을 함께 걸을 수 있다면 훌륭하고 완벽한 관계가 이루어집니다. 모든 위대한 종교는 하나의 메시지를 되풀이합니다. "신은 공정과 사랑, 평화와 행복의 본질이시며, 안과 밖 어디에나 계신 전지전능한 분이시다." 이것이 진실이라면 여러분은 누구이며 어디에서 왔을까요? 여러분은 사랑과 평화로부터 왔고 그 안에 살고 있습니다. 그러므로 사랑과 평화와 행복이 여러분 내면에도 있습니다.

여러분이 내면의 근원으로 들어가서 배우자에게서 빛을 보게 되면 "이 사람은 단순히 육신이나 감각적 희열의 대상이 아니라 내면에 신성의 빛을 지닌 존재구나." 하고 깨달을 것입니다. 부부가 이렇게 깨달으면 두 사람의 관계는 신전이 됩니다. 그리고 인간이 성지城地라는 것을 이해하게 되면 기도하러 교회나 절이나 사원에 갈 필요도 없습니다. 이런 깨달음이 사랑입니다. 사랑은 내면의 진리를 아는 것입니다. 이것을 알면 여러분은 문득 모든 것을 조건 없이 주는 자신을 보게 될 것입니다. 진리를 깨달았기 때문입니다. 사랑이 없이는 아무것도 의미가 없습니다.

세상에서 일어난 적 없는 심오하고 평화로운 '혁명'은 가정에서 일어날 것입니다. 인간이 삶이 무엇인지 완전히 이해하게 되면 거리에 나와 외부세계의 것들을 파괴하고 훼손하는 혁명을 일으키지 않을 것입니다. 진정한 혁명은 가정에서 시작될 것입니다. 그러니 좋은 가정을 어떻게 만들어야 할까요? 어떻게 하면 건강한 아이들을 키울 수 있을까요? 아이들에게 어떤 건전한 가정교육을 할 수 있을까요? 이런 것을 알게 되면 우리는 세상을 변화시킬 수 있습니다. 문명을 발전시키는 또 다른 발걸음을 내디딜 수 있습니다. 마음과 물질과 에너지에 대해 우리는 충분히 연구했습니다. 우리가 진정으로 건전하고 바람직한 사회를 원하고, 우리 사회를 변화시키기로 결심한다면 우리는 삼사십 년 안에 그렇게 할 수 있다는 것을 압니다. 그러나 이 일을 하자면 우리 자신과 습관을 변화시켜야 하며, 이렇게 하여 건강하고 건전한 아이들을 키울 수 있고, 아이들은 어린 시절부터 사랑과 나눔을 배우게 될 것입니다. 이것은 우리가 할 수 있는 일입니다.

가정은 아이들 교육의 기반입니다. 아이가 어릴 때 부모는 바르고 편안하고 안정적으로 걷고 움직이는 법을 가르쳐야 합니다. 침착하고 상냥하게 말하고, 다른 사람과 소통하는 법을 가르쳐야 합니다. 이런 기본적인 것을 배우고 나면 아차르야(acharyas, 교사)는 여러분에게 삶의 '이유'를 설명합니다. 그들은 "우리는 왜 사는가? 어떻게 살아야 하는가?" 하는 의문에 답해 줍니다.

그러나 부모가 가정에서 아이들에게 기본 교육을 하지 않으면 학생이 된 아이들이 변화하고 발전하기는 매우 어려워집니다. 교사가 오라고 하면 반대 방향으로 가버립니다. 왜냐하면 이 아이들은 이미 반항적이고 고집스럽고 부정적이 되었기 때문입니다. 무엇이든 있는 그대로 받아들이지 않고 자신이 원하는 대로만 받아들입니다. 교육에서 이것은 심각한 문제가 됩니다. '놓아버리기'let go를 배우는 것은 어린 시절 교육에서 중요한 부분입니다. 운이 좋은 아이들만이 이런 교육을 받습니다.

아이들에게 상처를 주는 것은 어른들입니다. 아이들은 아름답고 경이롭습니다. 그러나 부모들은 자신의 이기심이 아이들의 행복에 미치는 영향을 깊이 생각하지 않습니다. 아이를 자신들의 소유물로 여기고 자신들이 원하는 대로 해야 한다고 생각합니다. 다른 사람의 이런 압박과 지배와 지시는 아이들의 자연스러운 성장을 방해합니다.

사람이 이기적이 되면 자기 주위에 경계선을 긋고 자기가 만든 상상의 요새 안에서 살아갑니다. 그러나 이타적이 되면 자기 자신만 생각하지 않기 때문에 인격이 확장됩니다. 많은 사람이 타인과 소통을 잘하지 못하고 또 타인을 믿지 않는데, 이것은 주는 것을 배우지 못했기 때문입니다. 이런 이유로 위대한 성자는 이렇게 말했습니다. "아이의 어린 시절 7년은 내게 맡기고, 나머지는 여러분이 맡으세요." 삶에서 가장 중요한 시기는 어린 시절입니다. 이때 좋은 씨앗이 심어지면 아이는 바르게 성장하고 발전합니다.

그러나 현대사회에서는 인간으로서의 책임감을 어린 시절에 가르치지 않습니다. 이런 이유로 사람들은 평생 무책임하고 이기적으로 살아갑니다. 인생 최초의 교사는 어린이에게 철학이나 요가를 가르치는 사람이 아니라 사실 어머니입니다. 그런데 어머니가 나쁜 교사일 때 아이들은 평생 십자가를 지고 살거나 성장하면서 극복해야 할 장애를 만나게 되고, 사는 동안 누구도 신뢰하지 못합니다.

아이들은 모방과 본보기를 통해 배웁니다. 책이나 말 또는 문화나 철학을 통해 배우는 것이 아닙니다. 아이들은 다른 사람들이 하는 것을 보고 배웁니다. 그러므로 가정에 도움이 되고 유익한 보편 원리인 "뿌린 대로 거두리라." 하는 카르마의 법칙을 배워야 합니다. 여러분의 모든 행동이 결과를 낳습니다. 이 결과는 유익한 것도 있고 쓸모없는 것도 있습니다.

어린이들을 그저 따뜻하게 돌보는 것만이 양육의 전부는 아닙니다. 중요한 것은 아이들을 대하는 태도입니다. 가정에서 아이들은 부모의 올바른 행동을 보고 배웁니다. 부모는 바른 태도로 아이들이 타인과 긍정적인 소통을 하도록 가르쳐야 합니다. 아이들은 본 대로 배우므로 부모가 좋은 모범을 보이지 않으면 다른 사람과의 관계를 맺는 데 어려움을 지니고 성장합니다. 여러분이 배우자를 함부로 대하면 여러분은 배우자에게 상처를 줄 뿐만 아니라 자녀들에게도 상처를 주는 것입니다. 여러분의 자녀들은 세상을, 미래를 이끌 세대이며, 미래를 에덴동산으로 변화시키기를 우리가 기대하는 아이들입니다.

문제는 이것입니다. 여러분은 아이들이 여러분의 말을 따르기를 기대하지만, 실제로 아이들은 여러분의 행동을 보고 배웁니다. 아이들이 최고이기를 바라고, 아이들이 여러분의 나쁜 습관을 배우는 것은 원치 않습니다. 여러분은 자신의 나쁜 습관을 잘 알고 있습니다. 여러분에게 나쁜 것은 여러분에게 해로운 것입니다. 인정하고 싶지 않겠지만 여러분은 잘 알고 있습니다. 여러분의 나쁜 습관은 거만함, 자만심, 이기심입니다. 이 세 가지를 한 마디로 요약하면 이기심입니다.

예를 들어, 부모가 거짓말을 하는 것을 보면 아이들은 비행을 저지르거나 거짓말을 합니다. 그래서 아버지나 어머니가 화를 내며 아이를 때리면 아이는 혼란스러워하며 이렇게 생각합니다. '엄마와 아빠가 거짓말을 했어. 그런데 왜 나는 거짓말을 하면 안 되지?' 다른 한편, 어머니와 아버지가 아이에게 좋은 본보기가 되면 아이는 행복하고 안전하게 느끼면서 두려움이나 이기심 없이 성장합니다. 그러나 현대사회는 아직도 원시적인 수준입니다. 부모가 아이들에게 진심 어린 마음으로 주는 것을 알고 있는 그런 높은 문화 수준에 이르지 못했습니다. 그러므로 오늘날 비록 인류가 발전하고 있지만 야만적이고 이기적인 방식으로 성장하고 있습니다.

또 한 가지가 있습니다. 아이들을 가르치기 위해 배울 때 여러분은 아이들에게서도 배우려는 마음을 가져야 합니다. 부모가 아이의 교사인 것처럼 아이도 부모의 교사입니다. 그러나 부모들은 아이들에게서 배우려는 진지한 욕구가 없습니다. 여러분 내면에 배우려는 열정이 살아 있게 하세요. 배움의 문을 닫지 말고 항상 열어 놓으세요. 자신이 모든 것을 안다는 자만심에 빠지지 말고, 아직도 배울 것이 많다는 것을 기억하세요. 배움에는 끝이 없습니다.

아이들은 먼저 모방과 본보기를 통해 배웁니다. 그리고 때가 되면 다음 단계로 향합니다. 주변 사람들이 행동하고 느끼는 방식에서 배우기 시작합니다. 아이들은 공감 능력을 갖게 됩니다. 누군가 울면 아이들도 마음으로 웁니다. 그러나 아이들이 공감 능력을 개발하지 못했을 경우에는 우는 사람을 보고도 냉정해지거나 싫어하기도 합니다. 이것은 자연스러운 반응이 아닙니다. 아이들이 건전하지 못한 분위기에서 성장하면 그런 아이들이 훌륭한 시민이 되기를 그리고 남을 도울 줄 아는 사람이 되기를 어떻게 기대할 수 있겠습니까? 그러므로 부모는 아이들의 인성이 성장하고 발전하는 것을 주의 깊게 지켜보아야 합니다. 아이들의 성장을 돕는 세심한 교육에 조심스럽고 철저해야 합니다. 아이들이 바른 교육을 받는다면 주는 것을 배우게 될 것입니다. 아이를 갖고자 하는 사람이나 이미 부모가 된 사람들은 자신들의 이기심을 버릴 줄 알아야 하며, 아이들에게 유익하고 건전한 지식을 물려주어야 합니다. 그래야 아이들이 그 지식을 자신들의 아이들에게 전해 줄 수 있을 것입니다. 이런 희생은 단순히 준다는 생각보다 더 고귀하고 더 어렵습니다.

여러분은 자녀들의 마음에 주는 것을 배우려는 열정과 갈망이 일어나도록 교육해야 하며, 이런 마음을 갖게 하려면 여러분에게 연민이 있어야 합니다. 연민이란 자녀를 사랑하는 마음이며, 자녀가 성장하고 배우고 이해하며 실천하기를 바라는 마음입니다. 그러나 그 무엇보다 먼저 아이들에게 배울 준비를 시켜야 합니다. 이것은 가르침을 전달하는 것보다 더 중요합니다. 아이들을 준비시킬 때 기본적인 것을 가르쳐야 합니다. 튼튼한 기초가 없다면 성채를 세울 수 없습니다. 올바른 기초 없이 모래 위에 성채를 짓는다면 무너지고 말 것입니다. 기초는 근본이며 기초의 토대는 여러분의 연민입니다.

때로는 지혜가 여러분을 통해 흘러갑니다. 여러분이 연민을 가졌을 때에는 모든 좋은 것들이 여러분에게서 흘러나옵니다. 그러나 연민이 없으면, 이기적이면 부정적인 것들만이 흘러나옵니다. 아이들에게 가르치는 것을 배울 때 여러분이 제일 먼저 할 일은 아이들을 향한 연민을 갖는 것입니다. 연민의 도움을 받으면 경이로운 일들을 할 수 있습니다. 연민이 없다면 지식을 전달하는 것은 아무것도 자랄 수 없는 불모지에 씨를 뿌리는 것과 같습니다.

그러므로 나는 부모들이 아힘사(사랑)를 실천하기를 권합니다. 여기에는 힘이 필요합니다. 사랑은 내면의 힘입니다. 사랑만이 유일한 참된 힘입니다. 성자들은 숲에 살면서 자신을 보호할 무기라곤 없지만 언제나 안전합니다. 그분들은 가장 난폭한 짐승도 그들 앞에서 얌전해질 정도의 비폭력을 실천하기 때문입니다.

어느 날 나는 리시케시Rishikesh 근처 찬다칼리Chandakali라는 사원이 있는 깊은 숲에서 그런 경험을 했습니다. 그곳에 초막을 짓고 사는 스와미가 있었고 주변 숲에는 호랑이들이 가득 했습니다. 나는 밤 열한 시에 스와미를 만나러 그곳에 갔습니다. 그분은 "어떻게 혼자서 여길 왔느냐? 이 시각에 다니는 건 매우 위험하다. 지금 당장 돌아가라!"고 했습니다.

나는 "방금 스와미께서 이 시각에 온 게 위험하다 하셨으면서 어떻게 위험 속으로 저를 돌려보내려고 하십니까?" 하고 말했습니다.

그러자 그분은 내키지 않았지만 내가 머무는 것을 허락하셨습니다. 그분은 두니dhuni라고 하는 화덕에 커다란 빵을 굽고 있었는데, 빵이 점점 크게 부풀어 올랐습니다. "이 커다란 빵은 무엇입니까? 스무 명은 먹을 수 있겠는데요!" 하고 내가 묻자 그분은 조용히 대답하셨습니다.

"우리 아이들은 많이 먹는단다."

나는 깜짝 놀라서 아이들이 어디 있는지, 결혼을 하셨는지 물었습니다. 그분은 "그럼." 하고 대답했지만 주위에 다른 초막은 보이지 않았습니다.

그때 갑자기 으르렁거리는 소리, 호랑이 소리가 들렸습니다. 그리고 스와미께서 "우리 아이가 오고 있구나." 하는 순간 호랑이 한 마리가 들어와 그분 곁에 앉았습니다.

나는 너무나 놀라 온몸이 떨렸습니다. 그리고 '이제 끝장이다!'라고 생각했습니다.

스와미는 내게 "조용히 있거라." 하고는 빵을 반으로 나누면서 호랑이에게 물었습니다. "다른 아이는 어디 있느냐?" 그러자 그 호랑이의 짝이 나타나 그분 가까이에 앉으며 그분을 쳐다보았습니다. 스와미는 두 호랑이에게 빵을 한 쪽씩 주고 나서 손뼉을 치며 "이제 가거라." 하자 호랑이들이 떠났습니다. 그리고 그분이 내게 말했습니다. "내가 호랑이를 길들였다네. 여기서 혼자 지내면서 이따금 외롭기도 해서 동물들에게 말을 걸기 시작했지," 이런 것이 가능합니다. 나는 야생 코끼리를 사랑으로 길들인 사람도 있다는 것을 압니다.

여러분의 사랑은 종교와 문화와 국가의 경계를 넘어서야 합니다. 전 우주를 포함해야 합니다. 그래서 위대한 성인들이 "전 우주가 우리의 집이다. 우리는 모두 친구다."라고 말하는 것입니다. 여러분이 한 사람도 빠짐없이 모든 이를 사랑하는 것을 배우는 그날, 그날은 여러분의 깨달음의 날입니다. 다음 생에서 깨달음을 기대한다면 나는 여러분에게 가르칠 것이 없습니다. 다음 생의 깨달음을 기대한다면 아마 후회할 것입니다. 여러분은 다시 돌아와 같은 것을 반복해야 할 것입니다. 그러니 깨닫는 것을 미루지 마세요. 지금 이 생에서 이룰 수 있습니다. 먼저 사랑으로 행동하기를 배우고, 주는 것을 배우세요. 그러면 모든 인류가 자기 삶을 행복하게 만들 책임이 있으며, 그 행복을 다른 사람들에게 퍼뜨릴 책임도 있다는 것을 알게 될 것입니다. 영성만으로도 여러분은 행복해질 수 있습니다. 인간이라는 틀은 여러분을 행복하게 하지 못합니다. 배우자와 함께 이룰 것은 바로 영성입니다. 그러면 여러분은 완성됩니다. 여러분의 첫째 목표는 배우자에게서 실재와 신성을 알아보고 인정하는 것입니다. 한 사람을 사랑하지 못하면서 다른 사람들을 사랑한다고, 인류를 사랑한다고, 우주를 사랑한다고 단언할 수 없습니다. 깨달음에 다다르기 위한 과정을 시작하며 아내나 남편, 아이들을 사랑으로 대하는 것을 배우세요. 시간을 내서 서로 대화하세요. 여러분의 감정이 창조의 길을 가도록 하고 삶을 즐기세요. 이것이 가정 안에서의 영성의 길입니다.

제10장

명상의 과정

많은 학생들이 명상을 잘못 이해하고 있습니다. 그들은 세상으로부터 물러나서 자신의 책임과 관계를 피하는 것이 명상이라고 생각합니다. 그렇게 할 필요는 없습니다. 여러분은 의무를 피할 다른 방법도 많이 알고 있습니다. 명상은 자신이 누군지를 깨달아가는 단순하고 구체적인 과정입니다. 명상은 여러분을 좀먹는 근심 걱정에서 천천히 벗어나는 수련이며, 이렇게 해서 여러분은 자유로워지고, 지금 이 순간을 충만하게 즐기고 싶어 하는 욕구가 만족됩니다. 명상은 생각하는 것이 아닙니다. 생각을 넘어서는 것입니다. 문제를 해결하려고 명상을 하는 것이 아니라 명상을 통해 여러분 자신이 만들어 놓은 문제를 꿰뚫어 보는 것입니다. 명상은 갈등을 해결하는 확실한 방법입니다. 그리고 자기 자신을 잘 이해할 때 배울 수 있는 것입니다.

우리의 옛 스승들은 명상하는 법을 알았습니다. 그러나 여러분은 그걸 잊어버렸습니다. 그래서 여러분은 밀려오는 외부 자극에 휩쓸려 자기 자신을 잊고 흩어지고 있습니다. 자신과 너무 멀어지고 말았습니다. 이제 돌아오세요. 그러지 않으면 세상 속에 거대한 피난처를 만들 뿐입니다.

명상은 신앙과는 관계가 없습니다. 어떤 종교나 문화와도 다른 것입니다. 평온함을 유지하면서, 편견을 버리고 열린 자세로 사물을 있는 그대로 분명하게 보기 위한 실천 방식이 명상입니다. 마음을 훈련하는 방법이며, 이로써 마음이 흐트러지지 않고 휘둘리지 않게 됩니다. 명상은 여러분의 내면 영역을 체계적으로 탐색하는 길을 가르쳐 줍니다.

나는 내가 배우고 또 증명한 방식만 가르칩니다. 영적 건강과 성장과 행복을 위해 내가 가르치는 것을 여러분이 받아들인다면 그것은 참 좋은 일입니다. 명상은 계율이 아니라 체계적으로 전념하는 방식이기 때문입니다. 여러분은 이 방식에 따라 자신에게 전념하고 자신의 길에, 자신을 알고자 하는 목표에 전념합니다. 외적으로 지켜야 하는 계율이 아닙니다.

서양인들 가운데 일부는 '명상'이라는 용어를 불편해합니다. 이들은 성경에 "너희는 멈추고 내가 하느님임을 알아라."라고 분명히 나와 있는 것을 잊었습니다. 멈추는 것을 배우는 방법이 명상입니다. 규칙적으로 명상을 하면 여러분은 더 차분해지고 상황에 필요한 것에 더 집중하게 되는 것을 알 수 있을 것입니다.

    대다수의 사람들은 차분함을 수동성과 연관시키지만, 명상이 가져오는 평화는 에너지를 발산합니다. 근심과 집착은 힘을 소진시킵니다. 명상은 정신적 갈등으로 묶여 있는 에너지를 풀어서 하기로 결정한 일에 집중해서 전념할 수 있게 합니다. 명상은 여러분의 마음을 좀 더 집중할 수 있게 해서 하고자 선택한 것에 온전히 초점을 맞출 수 있습니다. 이런 이유로 명상을 하는 사람들은 거의 모든 것을 더 쉽고 더 빠르게 배우게 됩니다.

    어릴 때부터 지금까지 여러분은 외부세계의 것들을 관찰하고 이해하는 것을 배워 왔습니다. 그러나 내면을 들여다보고, 마음과 다양한 마음 상태를 이해하라고 가르친 사람은 없었습니다. 모든 훈련이 바깥세상을 알기 위한 것이고, 여러분의 유익을 위해 세상 것들을 기술적으로 잘 다루기 위한 것이었습니다. 그러나 자기 자신을 아는 것을 배우지 못하면 바깥세상에서 무엇을 하든 원하는 결과를 얻지 못할 것입니다. 타이어가 균형을 잃는다면, 다른 것들이 아무리 훌륭하게 설계되었어도, 재료배합이나 표면에 새기는 무늬 디자인을 아무리 열심히 연구한다 해도 제대로 기능을 하지 않을 것입니다. 내면의 균형을 이루지 못하면 바깥세상에서 수행하는 일들을 아무리 많이 알고 있다 해도 여러분은 부족함을 느낄 것입니다. 명상은 내면의 균형을 이루게 하는 수단입니다. 외부세계의 대상을 관찰하는 사람들은 그것들이 변화하며 본질적으로 오래가지 않는 속성을 지녔다는 사실을 알게 되면서 삶에는 그들이 증명할 것이 더 있다는 것을 깨닫습니다. 그래서 그들은 자신의 내면을 연구하기 시작하고 '내면 탐구'를 수행합니다.

많은 사람들이 단순한 호기심이나 약간은 흥분된 마음으로 명상에 관심을 갖게 되고, 그들 자신을 이해하고 내면 상태를 알고자 노력합니다. 그런데 내면세계를 탐구하기 위해서 우리가 우리 존재의 내면 아주 깊은 곳에 숨겨진 의식의 중심을 알고자 한다면 면밀한 체계적 지식을 적용해야 합니다. 어떤 이들은 이것을 포기하지만, 어떤 이들은 끈기 있게 노력해서, 우리의 본모습을 깨닫는 매우 단순하고 정확한 과정이 명상이라는 사실을 알게 됩니다. 이것은 자신을 알아가는 과정입니다.

자기 자신을 알고 싶지 않거나 관심이 없다면 아무도 억지로 하라고 시키지 않습니다. 그러나 여러분은 살아가면서 언젠가 자신의 깊은 내면을 알고 싶어질 때가 올 것입니다. 그러면 그때 이 생에서 자기 자신을 모든 차원에서 알고자 하는 생각에 전념하게 될 것입니다.

명상의 방식은 어떤 특정 종교나 문화나 집단의 의식이 아닙니다. 위대한 종교는 모두 같은 하나의 실재에서 나왔습니다. 이 실재를 모르고는 삶의 목적을 이룰 수 없습니다. 기도와 명상은 엄청난 차이가 있습니다. 기도는 어떤 원의가 이루어지기를 바라는 사람의 청원입니다. 명상은 둔감한 자아를 민감한 자아로 이끄는 과정입니다. 기도로써 내적으로 에너지와 용기, 열정과 힘을 얻게 되므로 기도하는 충분한 이유가 있습니다. 기도하는 이유가 그것입니다. 기도가 영혼의 길을 깨끗이 정화하는 것은 분명합니다. 그러므로 신앙생활에 지장이 없도록 하세요. 그러나 동시에 모든 차원에서 여러분 자신을 아는 것도 배워야 합니다.

명상은 체계적인 기법입니다. 명상은 디딤대가 여러 개 있는 사다리와 같습니다. 디딤대를 차례차례 딛고 지붕 위로 올라가면 드넓은 지평선을 두루 바라볼 수 있습니다. 묵상은 또 다른 기법으로, 명상과는 다릅니다. 명상과 같은 체계적인 방식이지만 묵상은 삶과 우주의 원리를 탐구합니다. 구도자는 묵상을 통해 지속적으로 이런 원리들을 흡수하고, 때가 되면 전인적으로 변화합니다. 자아실현이란 목표에 생애를 바쳐 전념하는 사람들은 이 두 가지 방식을 사용합니다. 깊은 침묵 속에서 명상하고, 일상의 삶 속에서 묵상합니다. 묵상은 진리를 찾고 탐구하는 것이며, 명상 수행은 진리를 체험하는 것입니다. 삶을 공부하는 사람들은 기도와 명상과 묵상의 분명한 차이를 압니다. 이 세 가지는 삶의 목적을 이룩하기 위한 다른 도구, 다른 방식입니다. 비록 명상과 묵상을 구분해서 가르치고 있지만, 이 두 가지는 학생들이 추구하는 본질적 정수, 즉 평화, 행복, 기쁨을 확고히 자리 잡게 하는 데 도움이 될 수 있습니다.

훌륭한 시민이 되고, 발전하는 사람이 되며, 자신의 종교적 믿음에 더욱 헌신하는 사람이 되기 위해, 자신의 문화에 더 깊이 동참하는 사람이 되기 위해서는 명상을 해야 합니다. 그리스도도 명상을 했고, 모세, 라마, 크리슈나도 명상하는 사람들이었습니다. 명상은 신념을 확고히 해 주고, 신앙을 견고히 해 줍니다. 그렇기 때문에 여러분의 신앙은 세상의 어떤 것으로도 약화되거나 흔들리지 않게 됩니다. 명상은 자기 자신을 훈련하는 과정입니다.

명상은 마음을 평온하게 해 줄 것입니다. 명상은 내면 깊이 있는 실재reality를 인식하게 해 줄 것입니다. 명상은 두려움을 없애 줄 것입니다. 명상은 여러분을 차분하게 해 주고 온화하게 해 주며, 사랑이 많은 사람으로 변하게 해 주고 두려움을 벗어나 자유롭게 해 줄 것입니다. 명상은 사마디samadhi라는 즐거운 내면 상태로 여러분을 이끌어 줄 것입니다. 이것이 명상의 결과입니다. 여러분이 이런 목표를 이해하고 명상을 하고 싶어 한다면 도움을 받을 것이지만, 혹시 명상을 해서 부자가 되기를 기대한다면 명상을 하지 마세요.

명상은 무리하게 억지로 해야 하는 어려운 일이 아닙니다. 일단 내면의 즐거움을 맛보기만 하면 세상의 즐거움을 찾듯이 명상을 자발적으로 하고 싶어질 것입니다. 그러나 명상 수련을 일상적인 것으로 해야만 도움이 됩니다. 때가 되면 식사 준비를 하고, 정해진 시간에 식사를 하듯이 매일 같은 시간에 명상하는 습관을 길러야 합니다. 그러면 여러분의 몸과 호흡과 마음이 그 시간에 명상할 준비를 할 것입니다. 항상 같은 시간에 앉아서 명상을 해야 합니다. 이런 훈련은 아주 강한 효과가 있습니다. 명상을 배우기 원한다면 수련을 위해 특정 시간을 정해 놓고 실천해야 합니다.

제일 먼저 배울 것은 움직이지 않는 것입니다. 이것은 신체적 정지로 시작합니다. 우리가 따르는 전통에 의하면 아사나*asana* 또는 명상자세는 자신의 자연스런 성격과 능력에 따라 주의 깊게 선택하며, 유능한 교사의 지도를 받아 머리와 목과 몸통을 곧게 유지하게 됩니다. 앉는 자세를 선택한 다음, 훌륭한 학생이라면 이 자세에서 목적을 이루게 됩니다.

명상자세로 도움을 받아 움직임 없이 가만히 앉아 있게 되면 근육이 땅기거나, 몸이 여기저기 흔들리고 떨리고 가려워지는 등의 장애를 지각하게 될 것입니다. 이런 장애는 훈련 부족 때문에 일어납니다. 우리는 외부세계에서 빨리 더 빨리 움직이는 훈련을 받아왔을 뿐, 움직임 없이 가만히 있는 훈련을 한 번도 받아본 적이 없기 때문입니다. 이렇게 움직이지 않는 자세를 배우려면 규칙적인 습관을 들여야 하며, 습관을 들이자면, 몸이 주어진 훈련에 저항하지 않을 때까지 매일 같은 장소에서 같은 시간에 같은 자세를 규칙적이고 집중해서 연습해야 합니다. 이 기본 단계는 매우 중요하므로 소홀히 해서는 안 됩니다. 그렇지 않을 경우 명상의 열매를 수확할 수 없으며 노력은 수포로 돌아갈 것입니다.

여러분은 방해를 받지 않을 소박하고 잘 정돈된 조용한 장소를 찾아야 합니다. 방석을 깔고 바닥에 앉거나 안정된 의자에 앉은 다음 등을 똑바로 세우고 눈을 살짝 감습니다. 그리고 의식을 온몸으로 내려 보내면서 머리와 목과 등을 똑바로 지탱하는 근육을 제외한 모든 근육이 이완되도록 합니다. 시간을 가지고 몸의 모든 긴장을 놓아버리는 과정을 즐깁니다. 명상은 놓아버리는 기술이고 과학입니다. 이렇게 몸에서 놓아버리기를 시작하고 이어서 생각을 놓아버리는 과정이 진행됩니다.

몸이 이완되고 편안해지면 의식을 호흡으로 가져갑니다. 호흡할 때 폐의 어느 부분이 움직이는지 주시합니다. 가슴으로 호흡하고 있다면 긴장을 풀 수 없습니다. 가로막을 움직여서 호흡하도록 연습해야 합니다. 호흡을 조절하려고 애쓰지 말고 호흡을 계속 주시합니다. 처음에는 호흡이 불규칙하겠지만, 점차 멈추거나 몰아

쉬지 않고 고르고 부드럽게 숨 쉬게 될 것입니다. 호흡을 계속 주시하세요.

명상은 여러분이 선택한 대상에 모든 주의를 기울이는 과정입니다. 이 경우 여러분은 호흡에 대한 의식을 선택하고 있는 것입니다. 의식을 열고 받아들이면서 여러분의 호흡을 경험하는 것입니다. 호흡을 판단하거나 조절하거나 바꾸려고 하지 말아야 합니다. 자기 자신을 활짝 열면 마침내 여러분과 호흡 사이에 구분이 없어집니다. 이 과정에서 많은 생각이 마음에 일어납니다. '내가 호흡을 제대로 하고 있는 걸까? 언제 끝나지? 코가 막히는데 일어나서 코를 풀고 계속할까? 창문을 닫았어야 하는데. 중요한 통화를 해야 하는데 잊었네. 목이 뻣뻣해지고 있어.' 수만 가지 생각이 떠올라 스쳐 지나가면서 각각의 생각이 반응을 재촉합니다. 생각들을 좇으면서 판단하고 움직이고 관심을 갖는 것과 생각을 없애 버리려는 시도가 그 반응입니다.

이때 생각에 반응하는 대신 이 과정을 그냥 계속 의식만 하고 있다면 여러분의 마음이 쉼 없이 매우 분주하다는 것을 알게 됩니다. 마치 밤에 잠을 이루지 못하고 뒤척이는 것과 같습니다. 그러나 여러분 앞에 던져지는 수만 가지 생각에 대한 반응을 마음과 동일시할 때에만 문제가 됩니다. 이렇게 하면 끝없이 쉼 없이 돌아가는 소용돌이에 말려들 것입니다. 하지만 일어나는 생각들에 반응하지 않고 그저 지켜보거나, 반응하더라도 반응하는 것을 그냥 주시한다면 생각들이 여러분을 방해하지 못합니다. 여러분을 방해하는 것은 생각이 아니라 생각에 대한 여러분의 반응입니다. 명상을 방해하는 것은 소리가 아니라 소리에 대한 여러분의 반응입니다. 이 사실을 기억하세요.

명상은 아주 단순합니다. 그냥 주시하는 것입니다. 먼저 호흡을 주시하고, 그 다음에 생각이 일어나면 그것을 막지 말고 바라보기만 하면 됩니다. 그러면 지나갑니다. 그러면 다시 호흡으로 의식을 돌리게 됩니다. 여러분은 평소에 모든 생각에 반응합니다. 그래서 혼란의 바다에서 계속 바삐 지냅니다. 명상은 내면에서 일어나는 것에 반응하지 않고 지켜보는 것을 가르칩니다. 이로써 큰 변화가 일어납니다. 마음과 그 흐름에서 벗어나는 자유를 갖게 됩니다. 이 자유로움 안에서 정신적 혼란과는 구분되는 여러분의 본모습을 경험하기 시작합니다. 내면의 기쁨과 만족을 경험하고, 편안함과 내면의 휴식을 체험하며, 삶의 소용돌이에서 벗어나 쉴 수 있게 됩니다. 자신에게 내적 휴가를 주는 것입니다.

그러나 이 내적 휴가는 세상에서 물러나는 것이 아닙니다. 내적 평화를 찾기 위한 기초일 뿐입니다. 여러분은 세상 속에서 하는 활동도 지켜보는 훈련을 해야 합니다. 그렇게 함으로써 더욱 효율적으로 세상 일에 전념할 수 있습니다. 명상 수련을 통해 여러분은 세상에서 마주하는 것에 마음을 열고 그것에 충실하게 몰두할 수 있게 됩니다.

일반적으로 여러분은 자신에게 닥친 일들을 대할 때 생각에 반응하는 것과 똑같이 반응합니다. 누군가 여러분에게 부정적인 말을 하면 곧 화를 내거나 우울해집니다. 뭔가를 잃어버리면 감정적으로 반응합니다. 이렇게 여러분의 기분이 앞에 놓인 일들에 달려 있기 때문에 결국 여러분의 삶은 롤러코스터를 타는 것과 같습니다. 여러분은 자신이 어떻게 반응하는지를 보기도 전에 보거나 들으면 즉시 버튼을 눌러버립니다. 눈앞에 놓인 일을 여러분의 기대, 두려움, 편견 또는 적대감에 따라 해석합니다. 경험하기도 전에 피해 버림으로써 한두 가지 조건반사만 할 수 있게 됩니다. 이것은 상황에 맞서 창조적으로 대응하는 자신의 능력을 포기하는 것입니다.

그러나 이런 상황에 명상 기법을 적용하면 눈앞에 일어나는 일을 충분히 주시할 수 있습니다. 자신이 초기에 어떻게 반응하는지를 지켜볼 수 있습니다. '내가 저것 때문에 위협을 느끼는구나.'라고 알 수 있습니다. 자신의 반응을 거부할 필요는 없습니다. 그 일을 경험하도록 자신을 열어놓으면 다음에 오는 자연스러운 다른 반응을 할 수 있게 되고, 그러면 그 상황에 가장 도움이 되는 반응을 선택할 수 있게 됩니다.

이런 면에서 명상은 치유효과가 있습니다. 명상으로 우리는 내면의 균형과 안정을 이룰 수 있을 뿐만 아니라, 내면의 열등감, 미성숙함, 도움이 안 되는 반사작용이나 습관을 볼 수 있게 됩니다. 명상은 이런 것들을 지니고 행동하면서 사는 대신에 그것들을 자각하고 주의를 기울이게 해 줍니다. 그리고 그럴 때 비로소 없앨 수 있습니다.

명상 기법은 위대한 성자들이 수세기 동안 철저히 탐구한 결과물입니다. 학자들이 다른 사람들의 연구를 수집하고 검토, 확인하는 것과 마찬가지로 명상가들도 다양한 전통에서 가르침을 수집하고, 그들에게 적합한 방식을 적용하기 전에 검토하고 확인해야 합니다. 그러나 스승을 위해서는 아무것도 하지 말고 자기 자신을 위해 수련하세요.

유능한 교사들은 외부의 영향을 벗어나는 방법과, 기본 단계를 거쳐 몸과 감각과 마음이 명상 수련을 준비하는 방법을 가르칩니다. 학생들은 다양한 수준에서 경험하겠지만 모든 경험이 그들을 이끌지는 않습니다. 준비 작업을 간과하면 학생들은 환상과 상상, 에고를 키우는 데 많은 세월을 허비할 뿐 더 깊은 경험을 하지 못합니다. 효과 있는 경험이란 학생들을 이끌어 주는 깊은 경험입니다. 유효한 경험은 매우 확실해서 외적으로 증명할 필요도 없습니다. 이러한 경험은 학생들이 고요하고 평온한 상태에 다다랐을 때에만 할 수 있습니다.

학생들의 마음에 의심과 불안이 일어나기도 하겠지만, 명상의 길을 따라 걷기로 결심하면 그들은 성실하게 준비하고 자신들을 훈련합니다. 삶의 실습실에서 자신들의 모든 '악기', 즉 몸, 감각, 호흡, 마음을 탐구하고 오직 명상을 향해 조율합니다.

그리고 같은 방법으로, 능력 있는 교사와 자신들에게 알맞은 명상 기법을 찾는 진지한 노력을 합니다. 교사 역시 아는 곳에서 알지 못하는 곳으로 향하는 이 여정을 온전히 준비한 훌륭한 학생들을 찾아내기 위한 노력을 합니다.

그러나 한 가지 문제가 있습니다. 현대의 학생들은 어린 아이와 같아서 저녁에 씨앗 뿌리고는 다음날 아침 일찍 일어나 흙을 파헤치고 씨앗이 얼마나 자랐는지 살핍니다. 물론 씨앗은 그대로입니다. 그것을 보고 아이는 다시 흙을 덮고 물을 줍니다. 그리고 오후에 아이는 다시 씨앗에 어떤 변화가 있는지 보고 싶어 합니다. 수련의 씨앗이 자라도록 해 주세요. 여러분의 수련이 발전할 시간을 주세요.

명상수행을 하면서 여러분은 여러 가지 이유로 좌절합니다. 그리고 명상 과정을 탓합니다. 여러분 자신이 할 부분을 해야 합니다. 흔히 문제가 되는 것은 여러분이 할 일을 완전하게 하지 않는 것입니다. 맛있는 음식을 먹을 때나 유혹하는 다른 방해물 앞에서 여러분은 명상을 잊어버립니다. 명상 시간이 되었지만 명상을 할 수 없는 경우에 여러분은 명상 자체를 탓합니다. 이건 공정하지 않습니다. 무슨 일이나 체계적으로 처리해야 합니다. 모든 행동에는 반작용이 있습니다. 명상을 하면 유익함을 얻는 것은 당연합니다. 처음에는 그런 유익함을 깨닫지 못하겠지만, 여러분은 서서히 조금씩 무의식에 삼스카라(인상)를 저장하고 있는 것이며 나중에 도움을 받을 것입니다. 오늘 씨앗을 심었다면 내일 열매를 딸 수는 없습니다. 그러나 결국에는 열매를 얻게 될 것입니다. 결과를 보는 데에는 시간이 걸립니다. 평온하게 기다리세요.

명상을 하면서 이따금 어리석은 것을 기대하는 사람들은 빛과 색깔을 보고 싶어 합니다. 이런 생각으로 명상을 하면 진정한 명상은 절대 하지 못합니다. 명상이란 서서히 자기 자신의 모든 차원을 하나씩 하나씩 알아낸다는 뜻입니다. 적어도 자기 자신에게는 솔직해야 합니다. 사람들이 자기 경험에 대해 뭐라 말하든 신경 쓰지 말고 여러분의 목표에 마음을 집중하세요. 깊이 없는 방법으로는 얼마 가지 못하지만, 체계적인 명상 기법은 여러분이 가장 높은 상태에 이르도록 돕습니다. 얕은 물에 뛰어들지 마세요. 우리 삶의 진주는 연못이나 호수나 강이 아니라 깊은 바다에서 발견됩니다.

명상을 하지 않으려는 마음과 훈련되지 않은 마음은 쓰레기 처리장과 같습니다. 마음을 탐구하는 작업을 하자면 인내심을 가져야 하고 천천히 해야 합니다. 첫 단계는 집중입니다. 여러분의 직업이 무엇이든, 회계사든 무용수든 집중할 수 있어야 합니다. 만일 여러분이 집중할 수 있는 음악가라면, 더 집중할수록 더욱 섬세한 기량을 갖게 될 것이고, 음악은 더욱 발전해서 여러분 자신과 다른 사람들을 매우 즐겁게 할 것입니다. 그러므로 명상에서 첫 걸음은 집중하는 것이며, 계속 훈련하면 그런 깊이 있는 집중력을 갖게 될 것입니다.

그런데 여러분은 마음을 어떤 대상에 집중시켜 명상을 하십니까? 마음은 항상 어떤 것에 집중하기를 원합니다. 그렇지 않을 때 마음은 어떤 상황이나 사물, 생각 등으로 날아갑니다. 명상을 체계적으로 한다면 자신을 훈련하는 완벽한 과정이 됩니다. 한 달만이라도 명상을 체계적으로 수행하면 도움이 될 것입니다. 중요한 것은 자기 자신, 내면의 자아를 알아가는 방법입니다. 그러나 여러분이 명상을 실천해야 합니다. 그렇지 않으면 교사는 해 줄 수 있는 게 없습니다. 교사의 책임은 50%고, 나머지 50%는 학생의 몫입니다. 혹시 장애물을 만난다면 교사가 도울 것이지만, 여러분이 할 수행을 하지 않고 그것을 교사가 해 주기를 기대한다면 어느 누구도 도울 수 없습니다. 그러니 자신을 알아가는 작업을 하세요. 시간이 없다는 핑계를 대지 마세요. 여러분에게는 충분한 시간이 있고, 반드시 성취할 수 있습니다.

어떤 사람은 이렇게 말합니다. "나는 얻은 게 아무것도 없어. 13년 동안이나 명상을 했는데!" 이 사람이 정말 명상을 했을까요? 가만히 앉아서 졸거나 공상을 하거나 생각을 한 것은 아닐까요? 아마 13년 동안 명상이라는 이름으로 다른 많은 것을 생각하고 있었을 것입니다. 자기 일과 남자 친구나 여자 친구 생각을 하면서 시간을 보냈을 것입니다. 그 시간 동안 명상을 한다고 앉아 있었지만 진정한 명상을 하지 않았고, 이제 아무런 변화도 없다고 불평을 하는 것입니다. 명상을 할 때 여러분의 마음이 이리저리 헤맬 여지를 주지 마세요. 한 단계씩 차근차근 과정을 밟으세요. 자신을 훈련시키세요. 먼저 자세에 주의를 기울여서 바른 자세로 앉는 훈련을 하세요. 그리고 체계적으로 수행을 하세요. 정신적, 감정적 장애물을 제거하는 작업을 하세요. 명상 수련자가 자기 존재의 내면 차원을 탐사한다면, 내적 삶의 미지의 영역을 탐구한다면, 다음 단계의 경험까지 그들을 이끌어 줄 체계적이고 과학적인 방식을 배운다면 그들은 무의식의 모든 차원을 넘어서 그들의 본질에 확고히 자리 잡을 것입니다.

성경에, 들을 귀가 있는 사람은 들을 것이라고 했습니다. 마음이 조율되었을 때에는 미지의 소리를 들을 수 있습니다. 고대 성자들은 깊은 명상 중에 만트라*mantras*라고 하는 소리를 들었습니다. 그런 상태에서 들을 수 있는 이 소리는 어떤 언어나 종교나 전통에도 속하지 않습니다. 오천 년 이상 된 우리의 명상 전통에 따르면, 만트라와 명상은 동전의 양면과 같아서 따로 떼어 놓을 수 없습니다. 내면 탐구를 할 때 만트라와 명상은 구도자에게 가장 큰 도움을 줍니다. 만트라 명상은 우리를 집중시키는 깊고 강렬한 기도입니다. 그러나 이것은 인간 중심적인 기도가 아니라 신 중심적인 기도입니다.

세상에 존재하는 모든 영적 전통은 한 음절, 한 가지 음, 낱말, 구절을 만트라로 사용하는데, 이 만트라는 망상의 늪을 건너 저편 삶의 해변에 이르도록 해 주는 다리와 같습니다. 명상가를 돕는 수행인 만트라 세투*mantra setu*는 마음이 내면을 향해 집중하게 하며, 이로써 의식의 중심, 즉 평화와 행복과 기쁨이 있는 영원한 침묵의 깊은 휴식으로 우리를 이끌어 줍니다.

외부세계에서 만들어지고 귀로 들을 수 있는 소리가 있고, 성자들이 깊은 명상 중에 듣는 소리가 있습니다. 성자들이 들은 이 소리는 아나하타 나다*anahata nada*라고 하는데, 사물이 부딪쳐서 나는 소리가 아닌 그런 소리입니다. 내면의 소리는 외부세계에서 소리가 진동하는 것과 같은 방식으로 진동하지 않습니다. 이 소리는 우리를 이끄는 특성이 있습니다. 명상가를 내면에 있는 침묵의 중심으로 이끕니다. 이런 직유법이 여러분의 이해를 도울 것입니다.

여러분은 강둑에 서서 강물이 흘러가는 소리를 듣습니다. 그런데 강 상류로 계속 올라간다면 강의 발원지에 다다를 것인데, 발원지에서는 아무 소리도 들리지 않는다는 것을 알게 될 것입니다. 이와 마찬가지로 만트라는 마음을 내면의 소리 없는 침묵으로 이끕니다. 이 상태를 '소리 없는 소리'라고 부릅니다.

스승이 학생에게 주는 만트라는 의사가 환자에게 주는 처방전과 같습니다. 만트라에는 각기 다른 효력이 있는 수만 가지 소리가 있습니다. 스승은 학생의 마음가짐, 감정, 욕구, 습관에 따라 가장 적절한 만트라를 줄 수 있어야 합니다.

만트라에는 코샤 kosha라고 하는 네 겹의 영역이 있습니다. 첫 번째는 의미를 갖는 낱말입니다. 두 번째는 보다 섬세한 것으로, 만트라의 느낌입니다. 세 번째는 더욱 섬세한 것으로, 강렬하고 지속적으로 만트라를 의식하게 하는 존재감이며, 네 번째는 만트라의 가장 섬세한 영역인 소리 없는 소리입니다. 많은 학생들이 일생 동안 자신의 만트라를 반복해서 암송하는데, 애를 쓰지 않아도 저절로 또 지속적으로 만트라를 의식하는 세 번째 상태인 아자파자파 ajapa japa에는 도달하지 못합니다. 이런 학생들은 인식을 강화하기는 했지만 아직 둔감한 차원에서 명상을 하고 있는 것입니다.

이 단계를 넘어선 학생들은 호흡의 흐름이 중단되거나 방해를 받지 않는 특별한 만트라를 암송합니다. 이것은 호흡이 규칙적으로 되도록 돕고, 양쪽 콧구멍으로 고르게 호흡이 흐르는 상태인 수슘나가 깨어나는 상태로 이끌어 주는 만트라입니다. 이런 상태에서는 호흡과 마음의 기능이 완벽한 조화를 이루어 행복한 마음을 갖게 됩니다.

이 상태를 성취하면 마음은 무절제한 감각에서 자발적으로 분리됩니다. 그리고 우리 생애의 모든 인상을 저장하고 있는 거대한 저장소인 무의식의 마음에서 나오는 생각들을 처리합니다. 만트라는 이 과정을 넘어서도록 돕고, 마음에 새로운 홈을 파서 마음이 만트라가 파놓은 홈으로 자연스럽게 흐르기 시작합니다. 그리고 마침내 마음은 내면을 향해 예리하게 집중하면서 무의식의 숨겨진 부분이 보이기 시작하고, 곧 반짝이는 빛을 발견합니다. 위대한 구도자들은 이때 눈을 반쯤 감고 이 생명의 불꽃이 가장 깊숙한 내면에서 빛나는 것을 들여다보기를 즐깁니다. 만트라는 도구이며, 명상은 기법입니다.

그러나 나와 여러분의 만트라 사용방식은 다릅니다. 나는 과정에 시간을 낭비하고 싶지 않습니다. 나는 앉아서 만트라를 들으며 나의 전 존재를 관찰합니다. 나는 만트라를 기억하거나 반복하지 않습니다. 그 대신 나라는 전 존재를 만트라를 듣는 귀로 만듭니다. 그러면 만트라는 사방에서 들려옵니다. 여러분에게 금방 이런 일이 일어나지는 않겠지만 어느 정도 성취하면 경험할 수 있게 됩니다. 그때는 여러분이 만트라를 하지 않으려 해도 하게 됩니다. 만트라를 기억하지 않겠다고 결심해도 소용이 없습니다. 만트라가 존재하지 않아도 여러분이 만트라를 암송한 목적은 여러분과 함께 남습니다. 만트라는 아직 그곳에 있을 것이지만 여러분의 전 존재를 압도하는 경험으로 존재하며, 여러분과 분리되지 않습니다.

만트라는 모든 인간이 겪는 변화의 시기에 가장 중요한 역할을 합니다. 죽어가는 사람은 사랑하는 사람과 이야기하고 싶어 합니다. 소멸을 면할 수 없는 사람과 사물에 대해 갖는 애착은 죽는 순간 우리에게 고통스럽고 중대한 문제를 야기합니다. 우리가 살면서 발전시켰어야 할 분명한 철학이 부족하기 때문에, 명상 수련을 하지 않고 그래서 참자아를 경험하지 못했기 때문에 우리의 애착은 매우 고통스러운 것이 됩니다. 죽음 자체는 고통스럽지 않습니다. 죽음에 대한 두려움이 고통스러운 것이며, 탄생과 죽음 그리고 내세의 신비를 깊이 생각한 적이 없는 사람들은 더욱 큰 고통을 겪습니다. 이런 경우 삶의 마지막 순간은 극도의 불안을 일으키고, 더욱이 죽음 이후의 여정에도 영향을 미칩니다.

죽어가는 사람의 감각은 제 기능을 하지 않습니다. 서서히 시력을 잃어가고 혀는 알아들을 수 없는 말을 중얼거립니다. 마음에 있는 생각을 말이나 몸짓으로 표현하지 못합니다. 이런 외로운 상태에서라도 그가 오랫동안 만트라를 암송했다면, 만트라가 그를 이끌어 줄 것이며, 만트라가 그를 이끌어 줄 때 고통스러운 시간은 끝이 납니다. 만트라를 기억하는 오직 하나의 생각패턴이 강화되고 확고하게 자리를 잡으면 만트라는 사람들을 평화와 행복과 기쁨의 거처로 인도합니다.

성자와 부자와 지식인의 임종을 말없이 지켜보면 만트라와 명상의 힘을 확인할 수 있습니다. 나는 많은 성자들의 기쁨이 가득한 죽음을 보았고, 부자, 과학자, 지식인들의 불쌍한 죽음도 보았습니다. 그들의 얼굴 표정에 드러난 고통과 무력함은 삶의 마지막 순간을 준비하지 않은 증거로 보였습니다. 그러므로 우리는 기도와 묵상과 명상을 배우고 수련하고, 정직하고 깨끗한 마음과 집중하는 마음을 훈련해야 합니다.

포기하지 마세요! 먹고 자고 일상적인 일을 하는 것처럼 명상을 여러분 생활의 일부로 받아들이세요. 고요한 마음, 집중하는 마음, 평온한 마음을 갖는 것을 여러분의 목표로 삼으세요. 절대로 포기하지 마세요. 명상을 한 효과가 여러분 얼굴에 나타납니다. 명상은 여러분 마음에 확실한 표시를 남기고 이것이 여러분 얼굴에 드러나는 것입니다. 나는 사람들과 이야기를 나누면 그들이 명상을 하는지 안 하는지, 명상할 수 있는 사람인지 쉽게 알 수 있습니다. 그 사람들의 얼굴이 그들 마음의 지표이기 때문입니다.

세상에 살고 있는 사람들은 명상을 통해 사마디*samadhi*의 가장 높은 경지에 오를 수 있습니다. 그때 그들은 이곳에 있지만 그 경지에도 있습니다. 세상 속에서 살지만 세상을 초월한 곳에서도 머뭅니다. 모든 것을 아우르며 아무것도 배제하지 않습니다. 모든 남자와 여자와 어린이가 명상 수련을 하는 날이 오면 우리는 한 단계 높은 문명으로 발전시키고, 모두가 하나임을 깨닫게 될 것입니다. 모든 것을 벗어나는 자유로움은 지금 여기서 성취할 수 있으며, 이 경험은 인간 삶의 궁극적 목표입니다.

스와미 라마 Swami Rama

히말라야협회를 설립한 스와미 라마는 20세기의 가장 위대한 수련자, 교사, 작가, 박애주의자 가운데 한 사람이었다. 인도 북부에서 출생한 스와미 라마는 어린 시절부터 히말라야 성자 벵골리 바바 Bengali Baba의 가르침을 받으며 성장했다. 수많은 수도원을 여행하면서 히말라야 성자와 현인들에게 사사했으며, 그 가운데에는 티베트의 외딴 지역에 살던 위대한 스승도 포함되어 있었다. 스와미 라마는 이들로부터 받은 집중적인 영적 훈련 외에도 인도와 유럽에서 고등교육을 받았다. 1949년, 인도 남부 카르비르피탐 *Karvirpitham* 교단에서 수도승으로는 가장 높은 지위인 샹카라차르야 *Shankaracharya*에 올랐으나 1953년에 이 지위를 떠나 다시 스승에게 돌아가 동굴수련처에서 수행에 정진했다. 그 후 1969년에 미국으로 가서 히말라야협회 Himalayan Institute를 설립했다. 그의 잘 알려진 저서 「히말라야 성자들의 삶」 Living with the Himalayan Masters에는 이 특출한 수련자의 여러 면모가 잘 드러나 있고, 그가 구현한 동양의 살아 있는 전통이 상세히 설명되어 있다.

히말라야협회 Himalayan Institute

  1971년에 스와미 라마Swami Rama께서 설립한 히말라야협회는 비영리단체로, 동양과 서양의 최상의 지식을 통합해서 신체적, 정신적, 영적 성장을 이룩하도록 사람들에게 도움을 주고 있습니다.

  우리 협회의 본부는 미국 펜실베이니아 북동쪽 포코노산맥의 완만한 구릉에 400에이커 면적의 아름다운 캠퍼스에 자리 잡고 있습니다. 이곳의 환경은 성장을 증진하고 내면 인식을 향상시키며 평온함을 조성해 줍니다. 또한 세미나와 집중 프로그램을 위한 평화롭고 건강을 도모하는 장소를 제공합니다. 전 세계에서 많은 학생들이 찾아와 하타요가, 명상, 스트레스 줄이기, 아유르베다, 영양식, 동양철학, 심리학 등과 같은 광범위한 분야의 프로그램에 참여하고 있으며, 주말 명상피정, 영성 관련 일주간 세미나, 한 달간 머물며 수행하는 프로그램, 전인 건강 서비스 등의 프로그램은 전부 평온한 내면 성장 여건을 제공하고 있습니다. 개인적인 성장과 발전을 지속하고자 하는 여러분을 초대합니다.